日本財団は、いったい何をしているのか

第七巻　コロナ禍とパラリンピック

日本財団は、いったい何をしているのか

——第七巻　コロナ禍とパラリンピック

序章　明けない夜はない

２０２１年の夏、多くの日本人は東京を中心に繰り広げられたスポーツの祝祭の日々を、大きな屈託を抱えつつ、しかし、事態打開への祈りを込めて過ごしたに違いない。祝祭とは、東京２０２０オリンピック競技大会（7月23日〜8月8日）、つまり東京五輪と、それに続いた東京２０２０パラリンピック競技大会（8月24日〜9月5日）である。屈託とは、言うまでもなく全世界に広がった新型コロナウイルス感染症に起因する危機的な気分であり、祈りとは、スポーツのもつ力によってあらゆる災厄を一掃してほしいと願う心持ちであろう。

五輪は今や、パラリンピックと一体になった祝祭としてとらえられている。8月8日に国立競技場で行われた五輪閉会式で、東京オリンピック・パラリンピック競技大会組織委員会会長の橋本聖子はこう述べた。

「私たちの旅はまだ続きます。逆境を乗り越え、自らの可能性を信じるパラリンピアンの躍動が始まります。私たち組織委は万全の準備でパラリンピックを迎えたいと思います」

オリンピックを終えたばかりの時点で、橋本がすぐさまパラリンピックに言及したのは、理想の世界のありようを発信するスポーツの一大連続イベントが、今回は前例のない試練に晒されていたからだ。競技は大半の会場で無観客で行われ、児童・生徒にパラリンピックの観戦機会を提供する「学校連携観戦プログラム」を直前になって中止する自治体も相次いだ。基礎疾患を抱えるパラアスリートが感染した場合、重症化リスクが高いともいわれ、政府や開催都市の東京都、そして大会の運営にあたる大会組織委は、競技施設の建設や参加各国の選手・大会関係者らの受け入れに加え、感染防止策という、非常な困難が予想される対応を迫られることになった。

中でも負荷が大きい対応を迫られたのは日本財団だろう。

日本財団には1962年の創立以来、スポーツの振興と障害者の支援に力を入れてきた実績がある。障害の有無にかかわらず「努力次第で誰もが活躍できる社会」を目指す運動を続けてきたのが日本財団であった。これはパラリンピックの理念に合致する。2015年からは東京2020大会に合わせ、パラリンピック競技団体を支援する数々の事業を展開していた。

ところが、新型コロナウイルス感染症によって、日本財団が取り組まなければならない対象はいっきに重層的になった。従来のパラリンピック選手や競技団体への支援だけでなく、スポーツを含むあらゆる分野での支援が求められていた。感染症の患者に向き合う医師や看護師ら医療従事者への支援は言うまでもない。

日本財団はこれまでにない挑戦に乗り出すことになったのである。コロナ禍の軌跡をたどりながら、日本財団の取り組みを追うことにする。

＊

中国湖北省の武漢市で「原因不明の肺炎患者を初めて確認」との報告が最初にあったとメディアが報じたのは２０１９年12月８日だった。これが新型コロナウイルスであったかどうかは判然としていない。

それから一カ月以上たった２０２０年１月16日、厚生労働省は肺炎患者の三十代男性（神奈川県在住）から新型コロナウイルスが検出されたと発表した。男性は１月３日に武漢市で発熱し、６日に帰国後、10日から神奈川県内で入院、15日には症状が軽快して退院していた。

気になるニュースではあった。しかし、このころの筆者はまだ、コロナ禍をシリーズ本

『日本財団は、いったい何をしているのか』のテーマにしようとは考えていなかった。

　これは只事ではないと思ったきっかけは、クルーズ船「ダイヤモンド・プリンセス号」をめぐる報道である。

　このクルーズ船は２０２０年1月20日、横浜港を出港し、鹿児島、香港、ベトナム、台湾、そして沖縄に立ち寄り、２月３日に横浜港に帰港した。この航行中に香港で下船した乗客が1月30日に発熱し、２月1日には新型コロナウイルスの陽性であることが確認された。このため日本政府はクルーズ船の乗員乗客全員の下船を許可せず隔離状態にし、検疫やウイルス検査を実施することにした。当時、クルーズ船に乗っていたのは乗客二千六百六十六人、乗員千四十五人の計三千七百十一人であった。

　ＮＨＫテレビの報道によると、２月５日に出た最初のウイルス検査の結果は、三十一人のうち十人が陽性という衝撃的な内容だった。十人が陽性だとすれば、千人が感染している可能性もあるのだ。このため、政府は当初方針を変更して全員が十四日間、船内の自室にとどまってもらうことにしたという。

　２月18日の段階で、感染が確認されたのは乗員・乗客合わせて五百三十一人だった。

　一連の日本政府の対応については国内外から「乗客は感染リスクが高い状態に置かれて

いた」（米国疾病予防管理センター）といった批判も出た。3月1日までの時点で、米国、カナダ、英国、韓国など十三の国と地域がチャーター機などで自国民の乗客・乗員を帰国させている。また、日本人乗客が健康確認を受けて下船する際、公共交通機関を使って帰宅することを容認した日本政府の対応も各国の批判の的になった。

新型コロナウイルス禍をめぐる動きの中で、日本が世界のメディアの注目を集めたのは、首都・東京が2020オリンピック・パラリンピックの開催都市だったからだ。

*

新型コロナウイルス禍が顕在化して以降の日本国内の受け止め方を、さらに振り返ってみる。

2021年元旦に配達された産経新聞朝刊。1面の見出しと記事に刻まれた数字が、異常事態の日常化を物語っていた。

都内感染　1337人

国内も急増　４５００人超

《国内で31日、新たに報告された新型コロナウイルスの感染者が４５２０人となり過去最多を更新した。４千人台になるのは初めて。49人の死者が確認された。東京の感染者も初の４桁となる１３３７人に大幅増加し、神奈川５８８人、埼玉３３０人、千葉２５２人、福岡１９０人などがいずれも過去最多となった。大都市を中心に感染拡大の深刻化が一層鮮明となり、医療体制の逼迫が懸念される》

七カ月後、パラリンピックの開幕を直前にひかえた産経新聞朝刊（２０２１年8月14日付）に刻まれた感染者の数字は桁違いに増えていた。しかし、感染拡大の日常化が進行したため、記事の扱いは1面3段と、以前に比べて小さくなっていた。

国内感染2万人超え

都内最多５７７３人、重症者２２７人

《国内で13日、新たに確認された新型コロナウイルス感染者は2万365人と初めて2万人を超え、最多を更新した。首都圏では東京５７７３人、神奈川２２８１人、埼玉１６９

6人が過去最多。都内の重症者は12日より増え、227人となった》

日本財団はこれまで、あらゆる災害に立ち向かってきた。被災者たちに救援の手を差し伸べ、復興を目指す被災地を支援してきた。阪神・淡路大震災（1995年）や東日本大震災（2011年）、熊本地震（2016年）などを代表例に、日本列島各地で毎年のように起きている台風や豪雨などの被災地での救援活動やその後の支援活動はよく知られるようになった。災害被災地への日本財団職員の出動は累計で六十回以上に及ぶという。

しかし、2020年から21年にかけて世界中に広がった新型コロナウイルス禍は、これまでに日本財団が立ち向かった災害とは大きく異なっていた。

この禍は、

地球上のどこまで広がるのか。

何人に感染するのか。

死者はどのくらいになるのか。

そして、

いつまで続くのか……。

先行きがまったく予測できない災害なのである。

地震や津波、洪水、噴火などの自然災害と異なるウイルス感染症の怖さは、人間の目や耳や手によって知覚しにくい点だ。発生の予測が不可能である点でも他の自然災害（一定の予知は可能）と違って対策が立てにくい。コロナ禍とは、知らないうちにわが身に迫り、攻撃してくる「見えざる敵」なのである。

１９１８年から１９２０年にかけて、スペインから始まって全世界に流行したインフルエンザ「スペイン風邪」は悪性で伝染力が強く、全世界で患者数は約六億人、死者は二千万人から四千万人にのぼったとされている（東京都健康安全研究センター年報、五十六巻「日本におけるスペインかぜの精密分析」から）。

これに対し、今回の新型コロナウイルス感染症は２０２１年10月1日現在、全世界で感染者が二億三千三百七十一万人、死者は四百七十八万人（米国ジョンズ・ホプキンス大学の集計）とスペイン風邪よりははるかに少ない。ただし、コロナ禍の被害の最終的な数値が明らかになるのは何年も先になろう。

＊

『日本財団は、いったい何をしているのか』シリーズの第七巻となる本書は、新型コロナウイルスという、やっかいな「見えざる敵」と闘いながら、東京で開催されたオリンピック・パラリンピックの支援に全力で取り組んだ日本財団の活動を追った。

日本財団は今回の新型コロナウイルス禍を、東日本大震災などと同等の巨大災害と位置付けた。コロナ禍の対策プロジェクトにかかわった役員は、会長、理事長、専務理事のほか、実務を指揮する常務理事が三人。担当した職員は災害対策事業部を中心に、公益事業部や経営企画広報部、海洋事業部など多分野から動員された。

コロナ禍プロジェクトの取り組みの難しさは、いつまで続けるべきか、終わりが見えにくいことにある。例えば、軽症の感染者のための宿泊療養施設はいつまで運営することが求められるのか。一方的に打ち切るわけにはいかないが、永遠に続けることもできない。

また、コロナ禍に対応する今回の日本財団の各プロジェクトを追っていて、つくづく感じたことがある。これまでの第一～第六巻では、プロジェクトを通して浮かび上がった成功、失敗の両事例をありのままに書き残そうと心掛けた。不十分に終わったにせよ、結果は記録に残した。

ところが、この第七巻に取り掛かってみて気付いたのは、コロナ禍の対策プロジェクトでは、誰が見ても文句なしに成功したと判断できるような事例を見出すのが難しいことだった。コロナ禍は短期間で収束するものではない。それゆえに、成功したといえる事例を引き出すには時間がかかるのだ。

それでも、コロナ禍の中で繰り広げられた東京２０２０オリンピック・パラリンピックをめぐる日本財団の取り組みは、「より良い世界」に向けたいくつかのヒントを残した。

そう考えて、プロジェクトの検証を進めたい。

コロナ禍の闇夜はまだ続いている。しかし、明けない夜はない。

目次

第3章　緊急支援第二弾　99

第5章　闘いの正念場　215

第1章

緊急支援第一弾

（1）苦渋の二者択一

■戦後最大の国難

日本財団会長の笹川陽平（1939年生まれ）は、記者会見の冒頭三十分ほどの説明の中で、「国難」という語句を少なくとも五度使った。

2020年4月3日午後。新型コロナウイルスの脅威が地球全体に広がっていた最中、お台場（東京都品川区）の「日本財団パラアリーナ」にメディア十数社を招いて開かれた記者会見（ライブ配信の参加は約五十人）で、笹川の口調は、いつになく高ぶっていた。

「私は（第二次大戦末期の）東京大空襲の生き残りの一人です」

そう自己紹介した笹川は、国家の経済から国民の日常生活に至るまであらゆる分野に打撃を与えている新型コロナウイルスの感染拡大を「戦後七十五年間で最大の国難」だと位置付けた。

「こういう事態をどう打開するか。政府、行政が努力するのは当然ですが、それだけでこの国難を乗り切ることは大変難しい。国民が一致団結して、この難局を乗り越えていかねばならないと私は考えています」

笹川がこの日発表したのは、軽症の感染患者を緊急的に受け入れる宿泊療養施設を提供しようという日本財団のプロジェクトである。新型コロナウイルス禍に対して日本財団が打ち出す緊急支援の第一弾だった。当初明らかにされた計画の概容は次の通りだ。

①　日本財団グループの日本海事科学振興財団が所有するお台場の「船の科学館」や隣接の体育館施設「日本財団パラアリーナ」の建物と敷地内の駐車場などを活用し、2020年4月末を目途に軽症の感染患者のための宿泊療養施設を最大千二百床分整備していく

②　茨城県つくば市にある日本財団所有の研究所跡地にも計九千床分の療養施設を建設する準備を進める――

この「日本財団新型コロナウイルス対策プロジェクト」の第一弾は、言わば計画の最大規模を示したものだった。状況の時々刻々の変化などから計画はこの後、何度か修正され、あるいは変更されていく。

筆者は当初、プロジェクトの大掛かりな構想に驚いた。何しろウイルス感染症という「見えない敵」との未曾有の戦いである。すでに対応の前線に立っている厚生労働省や東

京都など行政側とはどのように連携し、協働するのか。必要な予算はどれほどになるのか。

外部から見れば、いくつもの疑問が浮かび上がる。

まず、日本財団パラアリーナの体育館部分（床面積二千三十五平方メートル）を仕切ったり、駐車場などの敷地（面積一万二千二百平方メートル）内に大型テントやプレハブハウスを建てることによって、わずか一カ月で千二百床もの病床（宿泊療養施設）をつくることができるかどうか。

つくば市の研究所跡地に整備するという約九千床については、この時点では未確定の計画だった。笹川は記者会見で「計画を実行しようという決断までに要した時間は二日半でした」と即断ぶりを強調した。それもあって筆者は、計画全体が性急すぎるとの印象をぬぐえなかった。

しかし、笹川はこう力説していた。

「こういう緊急時の対応は、スピード、スピードが第一番に求められるのです」

何事にもすばやく対応する日本財団流の活動についてはこのシリーズ本で数多くの成功事例を紹介してきた。今回の新型コロナウイルス感染症との闘いは、日本財団にとっても

記者会見する笹川陽平。重要な発表では必ず自らマイクを握る（2021年1月、日本財団ビル）

未経験の挑戦だが、国難に立ち向かう笹川陽平の覚悟はこれまでになく強固だった。冒頭説明の終わりには次のように言い切った。

「施設の整備や運用に伴う食事など諸経費、その他あらゆることでかかる経費は、日本財団がこれを負担します」

感染症に立ち向かう支援策の第一弾を打ち出した記者会見で、笹川が繰り返し強調したのは、新型コロナウイルス禍はその被害が戦争や震災と同等の巨大規模に及ぶ災害だというとらえ方だった。会見の冒頭で、終戦前の東京大空襲における自身の体験にふれたのもこのためだ。

笹川は、日本財団として何ができるかを考えた。感染者を受け入れる病床が、いずれは不足するようになる深刻な事態が差し迫っているのかもしれない。重篤・重症や中等症状患者の病床確保はもちろんだが、軽症または無症状者を受け入れる宿泊療養施設も必要だ。それが足りなくなることこそ大きな問題ではないか。

だが、都心には日本財団が所有している余分な土地などない。そこで日本財団は、お台場の船の科学館に隣接したパラアリーナの建物を転用したり、駐車場を活用することによって宿泊療養施設をつくり出そうと考えた。

だが、それは取りも直さず、グループ団体の「日本財団パラリンピックサポートセンター」（以下パラサポと表記、２０１５年設立）が運営し、パラアスリートたちに練習拠点として無償提供していた日本財団パラアリーナ（２０１８年6月オープン）の一時閉鎖を意味した。東京パラリンピックを目指し、日々練習に励むパラアスリートたちに、結果として犠牲的な協力を求めることになった。

パラスポーツ、例えば車いすバスケットボールの試合を実際に見た人は誰もが、パラアスリートたちの運動能力や闘志に目を見張るはずだ。日本財団パラアリーナは、選手たちのすばらしいパフォーマンスを生み出す、かけがえのない練習場になっていた。そこはまた、「スポーツによる社会変革」を理念に掲げるパラサポの活動の象徴的な施設にもなっていたのだ。

日本パラリンピック委員会（ＪＰＣ）によれば、さまざまな障害のある選手たちが創意工夫を凝らして限界に挑むパラリンピックには誰もが個性や能力を発揮できる「共生社会」を具現化するための重要なヒントが詰まっている。パラリンピックの意義はそこにある。

けれども、パラリンピックが第一に掲げているものは何か。それは「命の大切さ」ではないか。だから、パラアスリートたちは、コロナ感染者の命を守ることを最優先し、自分たちにはかけがえのない練習場を提供することに同意したのである。

さまざまな分野における障害者の活動を半世紀以上も支援してきた日本財団にとっても、これほどつらい二者択一の決断はなかった。

この日本財団パラアリーナをめぐる問題については、後で詳しく述べる。

■医療崩壊の危機

電子顕微鏡で百万倍にも拡大されたという新型コロナウイルスの不気味な画像が、テレビのニュース番組やインターネット上に頻繁に登場していた。

ウイルスはむろん、ヒトの肉眼では見えない。飛沫感染などでヒトに付着し、しばらくは鳴りをひそめている。ウイルス遺伝子を増幅して検出するPCR（ポリメラーゼ・チェーン・リアクション）検査で陽性と判定された人でも、すぐには症状が出ないことがある一方、突然症状が出て死亡することも少なくない。じつに危険極まりない。

２０２０年1月16日、日本国内で初の感染が確認された。この新型コロナウイルス禍は最初ゆっくりと、しかし、3月後半になると猛烈な勢いで列島のほぼ全域に拡大した。中でも、東京や大阪など大都市が受けた打撃は甚大だった。

笹川陽平が先述の記者会見を行う五日前の２０２０年3月29日、新型コロナウイルスに感染して東京都内の病院で治療を受けていた人気コメディアン・俳優の志村けんが死去している。テレビに始終登場する有名人の突然の死は、日本社会にショックを与えた。

そのころ、東京都は新型コロナウイルス感染症でオーバーシュート（爆発的な患者の増加）が起こる瀬戸際に立たされていた。医療崩壊が差し迫った状況だったといえる。

病院は重症者を優先して受け入れなければならない。しかし、病床数には限度があり、すべての感染者を受け入れるのは困難だ。記者会見が行われた4月3日の時点で、全国の

第一回目の緊急事態宣言発令中の東京・銀座四丁目交差点㊤と渋谷駅前スクランブル交差点㊦。閑散とした風景だった（2020年4月17日）

感染者は累計で二千六百十七人。そのうち、東京都は七百七十三人。重症者が入院し、治療を受けることができる病院の確保と同時に、加速度的に増える軽症者をどこが受け入れるかが大きな問題となっていた。

（注＝厚生労働省の集計による感染者の累計は、このわずか二カ月後の6月3日時点で全国では一万六千九百八十六人、東京都は五千二百九十五人。急増ぶりがうかがえる）

急増する感染者の受け入れ体制そのものが揺れ動いていた。

厚生労働省は当初、ＰＣＲ検査で感染が確認された患者は軽症であっても原則入院させる方針を示した。しかし、重症患者の病床が不足する懸念が浮上したことから、軽症者には宿泊療養や自宅での療養を認め、家族に高齢者や基礎疾患がある人がいて家庭内感染のおそれがある場合に入院措置をとることにした。ところが、自宅で入院を待っているうちに容体が急変し、死亡したケースが確認されたことなどもあって、厚労省は２０２０年4月23日、軽症者についても医師や看護師が対応できるホテルなど宿泊施設での療養を基本とする方針に転換している。

東京都など自治体側はホテルの借り上げに乗り出した。東京都はＩＣＵ（集中治療室）での措置や人工呼吸器や人工心肺が必要な重篤・重症患者向けに七百床、酸素吸入などの措置が必要な人を含む中等症患者向けに三千三百床の確保を目指していた。しかし、日本財団が記者会見を行った4月3日の時点で確保されていた病床は五百床にすぎなかった。

医療崩壊の危機が指摘されたのは、このように重篤・重症患者を受け入れる病床が決定的に不足する事態が現実味を帯びたことが背景にあるが、無症状を含む多数の軽症者の受け入れ体制が整っていなかったことも見逃せない。軽症者がきちんと療養できず、症状が悪化する事態は医療崩壊に直結する。

（注＝感染症患者の入院基準について、政府の方針はその後も揺れ続ける。例えば、時計の針を進め、東京五輪の開催中で感染者数が急増した２０２１年8月初旬に何が起きたか。この時、政府は感染者が急増する地域では重症者や重症化リスクの高い患者以外を自宅療養とする方針を打ち出した。事実上の入院制限といえる。酸素吸入には至らない中等症の患者は自宅療養になる可能性も浮上した。与党も政府方針の撤回を求める事態になったため、政府は中等症でも原則入院の対象とすることを明確化する措置をとった）

ところで、コロナ禍の初期のころから見られた傾向として指摘しておきたいのは、ホテルなどでの宿泊療養を敬遠する人が少なくなかったことだ。軽症者の宿泊療養ではむろんホテル代や食事代は不要（三食弁当が配給）で、タオルなどの日用品の費用のみが自己負担となっている。宿泊療養であれ、自宅療養であれ、健康管理は医療従事者が行うことになっている。東京都の場合、ホテルには医師と看護師が常駐し、患者を見守る態勢をとる。

にもかかわらず、ホテルでの宿泊療養の評判は芳しくなかった。無断で外出し、そのまいなくなるケースもあったという。ホテル療養が敬遠されたのは、小さな一室に軟禁されたような状態になる、心理的な圧迫感が原因のようであった。

日本財団は医療機関ではない。しかし、保健・衛生・医療にかかわる数多くの支援事業を経験してきた蓄積がある。一般のホテルが軽症の感染患者の受け入れに活用されているのであれば、日本財団はこれまでに蓄えたノウハウを生かし、より感染者に寄り添った臨時の療養施設を提供できる。それによって医療崩壊を防ぎたい。これが日本財団の基本的な考えであった。

■走りながら考える

２０２０年4月3日の記者会見では、笹川の冒頭説明の後、質疑応答が行われた。やりとりを聞いていると、国難に立ち向かおうとする日本財団の意気込みがうかがえる。しかし、メディア側には、日本財団の大掛かりなプロジェクトに対する驚きもあったようで、いくつかの疑問が提示された。

――この計画は、そもそも東京都の要請を受けてのものなのか。それとも、日本財団独自の考えからなのか（東京のローカルテレビ局記者）

笹川陽平「日本財団が独自に考えたものです。私たちは感染者の中でも重症者だけでなく、軽症の方々が療養される場所を確保することが新型コロナウイルス問題の喫緊の課題になっていることを知りまして、二日半ですべてを決定し、発表しました。東京都の方には今これから発表のご報告に出向き、ご利用をお願いするつもりでおります」

――つくられる施設は、病床という扱いになるのか、それともホテルのような宿泊療養施設という扱いになるのか（医療関係専門誌の記者）

笹川「まず（医師や看護師ら）専門家のお考えをきちっと聞きたいと思います。建物がしっかりしていれば、いかようにも対応できます。記者会見前に医療の専門家を交えて日本財団内部で勉強会を開いたのですが、一部では患者さんだけでなく、家族ぐるみで受け入れる施設をつくってもいいのではないかという意見もありました。また、軽症の患者さんを同じフロア（平屋の施設）に受け入れるならば、一人の看護師さんで四、五十人のお世話をすることも可能だとも聞きました。実際的なことはこれから、東京都の、専門的な見地に立ったご意見に従いたいと思っています」

——医師、看護師の確保をどのように進めていくのか（テレビ局記者）

笹川「ご説明しましたように、『備えあれば患えなし』で、建物をいつでも使えるようにすることがまず一番に重要なことだと思います。（医師、看護師の配置を含む）医療の専門的なことにつきましては、これから東京都知事にお会いすることになっていますので、こういう場所に施設をつくるので活用していただきたいと申し上げます。走りながら考えるということで、一人でも多くの人を救えるようにしたいと考えています」

——医療スタッフは、現段階ではまだ確保していないということか（通信社記者）

笹川「施設は、東京都がお使いになると思います。東京都と厚生労働省が協議されることになるかもしれませんが、医療の専門分野に関して、われわれが口をはさむことはありません」

――運営の主体は、東京都、厚生労働省になるということか（同）

笹川「どこが運営主体になるかは、厚生労働省と東京都がお決めになることです。私たちはあくまで、施設をつくって、ご利用願いたいという立場です」

――家族ぐるみで受け入れる施設になるとすれば、全体の病床数が減ることになるのではないか（同）

笹川「そのへんは柔軟に対応いたします。最初からこうだと決めてしまうのではなく、こういう緊急事態には、臨機応変に部屋割りを変えることができるようにしておきませんと……」

――確認だが、病床数とか、常駐する医療スタッフの数や陣容、運用全般については、東京都や厚生労働省とも協議し、決めていくことになるのか（テレビ局記者）

笹川陽平「そのように理解してください」

２０２０年４月３日の記者会見のもようは、ＮＨＫや民放の十六の番組、全国紙五紙のほか二十六のウェブニュースの記事となって報じられた。しかし、取材メモを読み返してみると、質問と答えが噛み合っていない一問一答が少なくなかったことに気づいた。記者たちにとっては、新型コロナウイルスに感染した軽症患者らの宿泊療養施設をつくるという計画の全体像は想像できても、具体的にはどのような施設になるのか、実態がわかりにくいプロジェクトだったようだ。

それも無理はなかった。なぜなら、新型コロナウイルスの感染があまりにも急速に拡大したことから、行政側は突然必要になったＰＣＲ検査の実施をはじめ、既存の医療施設での感染者の受け入れなど目の前の問題の処理に忙殺されていた時期だったからだ。コロナにどう対応したらいいかについて、情報が少なかった。事態がどのように推移するのか、まったく見通すことができない段階で、日本財団のプロジェクトが走り出したのである。

何事もスピードが肝心。だから、まず走り出す気概が求められる。しかし、やみくもに走るだけでは暴走になりかねない。そこで、

「走りながら考える」

記者会見で笹川が言いたかったのは、そのことであった。

日本財団流である。

■パラアリーナの閉鎖

災害救援・復興支援、海洋・環境保全、人権擁護・人道支援、国際協力、障害者の支援……。日本財団グループは多種多様な分野で社会貢献活動を展開している。ということは、限られた予算の中で、どのプロジェクトを優先するか。日々決断を迫られていることにもなる。

とりわけ、新型コロナウイルス感染症をめぐっては、じつに難しい問題に直面した。戦後最大の国難といえるコロナ禍と闘うプロジェクトを立ち上げたことによって、それまで日本財団グループが全力で取り組んできた東京パラリンピック支援事業の一部を休止しなければならなくなった。お台場（東京都品川区）の船の科学館の敷地に開設し運営していた「日本財団パラアリーナ」の一時閉鎖である。何よりもコロナ対策、つまり「命を守ること」を優先したのである。それが日本財団にとって、つらい決断だったことは、すでに述べた。

日本財団によるパラリンピック、およびパラスポーツへの支援活動について、ここでまとめておきたい。

２０１３年、「東京２０２０オリンピック・パラリンピック競技大会」の招致が決定すると、日本財団はパラリンピックでどんな支援ができるかを模索し始めた。まず「パラリンピック研究会」を立ち上げ、パラリンピックの課題についてリサーチを重ねていった。2015年5月、運営団体の「日本財団パラリンピックサポートセンター」を設立すると、競技団体の支援やダイバーシティ（多様性）、インクルージョン（共生社会）運動の充実などに約百億円を拠出すると表明した。

パラサポの事務局は日本財団ビル（東京都港区）の四階に置かれた。ユニークなのは、四階フロア（千三百平方メートル）の大半を全部で二十九ある競技団体の事務所や会議スペースとして無償で提供していることだ。競技団体の中には財政基盤が脆弱で、役員の自宅を事務所にしていた競技団体も少なくなかった。パラサポに共同入居したことで事務処理能力は格段に向上した。

お台場の「日本財団パラアリーナ」に目を向けてみる。パラリンピック競技の一層の普及を図る目的を達成するため、パラサポが拠点としている施設だ。体育館は、広さが二千三十五平方メートル、天井高は約七メートルある。トレーニングルームにはベンチプレス台やラットマシン、ダンベルなどの器具がそろい、男女ロッカールーム・シャワー室だけでなく、会議室も整っている（使用料は無料）。館内がバリアフリーになっているのに加え、主要部の扉が幅の広いスライド式となっていて、競技用車いすでもスムーズに移動で

日本財団パラリンピックサポートセンターの入口（2021年10月）

きる工夫がなされている。

パラリンピック競技のトップ選手向けの練習（強化）施設といえば、味の素ナショナルトレーニングセンターや国立スポーツ科学センター（いずれも東京都北区）があるが、利用できる選手は限定されている。

これに対し、日本財団パラアリーナは必ずしもメダル獲得のための選手強化を目的とせず、むしろ、選手が好きな時に好きなように使える日常的な練習場所として提供された。車いすバスケットボールや車いすラグビー、シッティングバレーボール、ブラインドサッカーのほか、ボッチャ、ゴールボールなどさまざまな競技の練習ができる。各パラリンピック競技団体所属のクラブチーム選手や日本代表を目指す個人アスリートにとってもかけがえのない練習拠点になっていた。

日本財団パラアリーナを運営するパラサポ会長の山脇康《やまわきやすし》（１９４８年生まれ）が親団体の日本財団から、パラアリーナの一時閉鎖措置への正式な協力要請を受けたのは２０２０年４月２日。日本財団がパラアリーナの宿泊療養施設への転用を発表する記者会見（前述）を行った４月３日の前日であった。

むろん、日本財団からの協力要請は突然になされたわけではない。事前の根回しがあった。

２０１５年のパラサポ設立当初から会長を務め、２０２０年１月までは日本パラリンピック委員会（ＪＰＣ）の委員長でもあった山脇康は、同じビルで執務する日本財団会長の笹川陽平や理事長の尾形武寿（１９４４年生まれ）とはいつでも話ができる環境にある。

「コロナ禍という難題に直面した時、大きな建物（パラアリーナ）や広い敷地（駐車場）を利用しているわれわれが何をなすべきか。答えははっきりしていました」

パラアリーナと駐車場は、少し工夫すれば、コロナ感染の軽症者のための療養施設に転用できるのだ。

笹川から「協力してもらえますか」という相談があった時、山脇は「一緒にやりましょう」と即答している。

■命の重さ

設備が整ったパラアリーナはオープン以来、パラアスリートたちから練習施設として高い評価を得ていた。パラサポの関係者は皆、2020年4月初旬当時の利用状況は連日ほぼ100%だったと証言している。

だとすると、一時的にせよ施設が使えなくなることを選手たちに納得してもらうのは難しかったのではあるまいか。

ところが、山脇によると、選手個人も競技団体も当時は思いのほか冷静で、パラアリーナの一時閉鎖に頭から反対する意見は一つもなかった。コロナ禍が全世界に波及した状況下、パラアリーナの運用をめぐっても、すでに選手や競技団体の間で、消毒や検温をもっと徹底してやろうという意見が出たり、異なる競技の練習時間が重ならないようにして密状態を避けるなど感染を防ぐ工夫が提案されたりしていたという。

日本財団がパラアリーナの一時閉鎖を決断する直前、つまり2020年3月上旬ごろから4月上旬にかけての新型コロナウイルスの感染状況を振り返ってみると、その年の夏に東京で、あるいは世界中のどこであっても、オリンピック・パラリンピックを開催するのは無理ではないかとする雰囲気が濃厚であった。すでに多くの死者が報告されていたし、医療崩壊の危機感が強まっていた。

国際オリンピック委員会（ＩＯＣ）会長トーマス・バッハは、国際競技団体や選手を派遣する各国・地域のオリンピック委員会と相次いで会議を開いた後の3月17日、東京オリンピック・パラリンピックの日程について、「まだ抜本的な見直しをする時間ではない」として、予定通りの２０２０年開催を示唆していた。

ところが、わずか5日後の3月22日、ＩＯＣは「開催延期を検討する」と前言を翻す。さらに24日には、バッハ会長と安倍晋三首相（当時）が一年間延期で合意する。そして、ＩＯＣの臨時理事会で２０２１年の開催が承認されたのである。

そこに至った原因には、ノルウェーとブラジルによる開催延期を求める声明のほか、世界陸連会長セバスチャン・コーの「オリンピックの延期は可能だ」との発言、さらには米国の陸上競技連盟や水泳連盟など有力団体による開催延期の要望などが相次いだことが挙げられる。世界の関係者の多くが、東京オリンピック・パラリンピックの予定通りの２０

２０年開催は無理だと考えたようである。

祭典の開催が一年延期された。それが、日本財団による日本財団パラアリーナの一時閉鎖と、感染者の宿泊療養施設への転用という緊急対応的なアイデアをもたらしたのである。

山脇は語る。

「パラスポーツの選手というのは、重度の障害を抱えている人もいますし、限定された空間で練習すること自体が感染リスクを伴うのです。なので、パラアリーナがかけがえのない練習施設であっても、一時的にしろ、閉めるのは仕方がないと考えたようです。スポーツができるのは、みんなが安全で安心できる生活が前提です。あの時は何よりも人の命を守ることが大切だと……、練習よりも、そっちを優先すべきだと皆が思ったのです」

パラアリーナの閉鎖はまさに、人々に命の重さを考えさせる出来事であった。

閉鎖されたパラアリーナがどうなったか。ここで、顛末を簡潔に記す。

スピード第一をモットーとする日本財団は、２０２０年4月半ばからパラアリーナの体育館部分を軽症のコロナ感染者のための宿泊療養施設に転用する工事にとりかかり、同年

5月1日、百床分を完成させた。ただし、この施設が感染者を受け入れることは、結局はなかった。一年延期された東京パラリンピックの開催が四カ月後に迫った2021年4月1日から、パラアリーナは元通りの体育館として運営されることになり、再びパラアスリートの練習拠点となった。

それに至る紆余曲折は後述する。

第１章　緊急支援第一弾

（2）幹部たちの合作

■日本人「茹でガエル」論

日本財団会長の笹川陽平は、産経新聞のオピニオン欄「正論」執筆メンバーの一人だ。2019年には「第三十五回正論大賞」を受賞している。日本財団が新型コロナウイルス対策プロジェクトの第一弾として、感染者の宿泊療養施設の整備計画を発表する前日、2020年4月2日付の正論欄に寄稿したコラムには、一風変わった見出しがついていた。

《国難の今、「茹でガエル」と決別を》

茹でガエルとは、カエルを常温の中に入れて徐々に水温を上げていくと、逃げ出すタイミングを失い最後には死んでしまうという寓話から、環境の変化に対応する難しさを説いた警句である。笹川は現在の日本人を茹でガエルになぞらえ、戦後七十五年を経過した日本人は常に危険と背中合わせで生きているという危機意識を失ってしまったと警告した。コロナ禍による国難には、行政に任せるだけでなく、国民一人ひとりが立ち向かわなければならないと主張したコラムだった。

この「国民の義務」論は笹川個人だけではなく日本財団の幹部が共有する信条でもある。緊急支援プロジェクトが立ち上げられた経緯について、関係幹部らへのインタビュー取材を続けてみると、笹川をリーダーとする日本財団幹部たちの緊密な連係ぶりがよくわかった。まず第一に、業務を遂行する会長以下の執行部（理事長、専務理事、常務理事五人）の全員が「今、日本人の多くが茹でガエル状態になっている」との危機意識をもっているのは間違いなかった。世の中の現象のすべてに役員全員が同じ考えをもつとは限らないが、彼らは常に情報を共有し、議論し合い、方針を決め、プロジェクトを進めていく。

新型コロナウイルス対策プロジェクトがどのようにして立ち上げられたのか。綿密に追ってみることにした。シリーズ本『日本財団は、いったい何をしているのか』は本書で第七巻となったが、取材対象としたプロジェクトをことの起こりからほぼ同時進行的に密着追跡できる機会をもつことができた初めてのケースだったからだ。活動のありのままをより鮮明にとらえられるはずだと思った。

しかし、この同時進行性によって、筆者はしばしば、事案の全貌が明らかになっていない時点で執筆せざるを得ないハンディを背負うことにもなる。

ともあれ、日本財団の内部で新型コロナウイルスの感染が重大、かつ深刻な問題だとの認識が高まったのはいつだったか。そこから書き起こしてみる。

▽2020年2月13日、厚生労働省は同日に死亡した神奈川県の八十代女性が新型コロナウイルスに感染していたことが確認されたと発表した。この「日本国内初の死者」の報によって、日本財団は組織を挙げてコロナ禍シフトを取るようになる。
▽2月16日、職員から笹川陽平会長、尾形武寿理事長、前田晃専務理事に対し、通勤時間帯の変更や在宅勤務などテレワークの導入を求めるメールが届く。
▽2月19日、全職員に対し、時差出勤やテレワークやオンライン会議の活用、不要不急の外勤や出張の手控えなどを指示。
▽3月16日、全職員に対し、感染拡大に伴う対応措置の強化を通知。テレワークを原則とし、37℃以上の発熱者は日本財団ビルへの入館禁止。入館に際しては体温計測を行う。職員食堂は当面閉鎖。
▽3月27日、全職員に対し、自己の接触者に関してメモをとっておくよう指示。
▽3月30日、日本財団ビルへの入館制限を強化。ＩＤカードを持たない外部者は入館できないとした。全役職員のテレワークやオンライン会議の実施、出張・外勤・会食の原則

禁止など対策の強化を改めて通知。

以上は、新型コロナウイルス禍に関する組織防衛上の対応である。これと並行し、社会貢献事業を行う公益法人としての日本財団の活動が３月半ばごろから水面下で始まった。

４月３日の新型コロナ対策プロジェクト第一弾の発表の際、笹川陽平は「計画は二日半でまとめ上げた」と言った。

その点を本人に確かめると、

前田晃

「まとめ上げたのは二日半ですが、詳しく言うと、その二週間ほど前から、私は役員たちに『日本財団として、どのような事業が展開できるか、考えてほしい』と言っていました。私自身はなかなか知恵が浮かばなくて……」

すると、専務理事の前田晃（１９５６年生まれ）が「感染者の居場所のような施設をつくってはどうか」とアイデアを出したと笹川は言う。筆者が前田に確かめると、前田の単独というより理事長の尾形武寿との立ち話から生まれた計画だという。

日本財団のモットーは、立案した計画をすばやくやってのける実行力だ。コロナ禍という未曾有の国難には、ためらいがあっては対処できない。

命は何よりも重い。パラアスリートの貴重な練習拠点を一時閉鎖する犠牲を払ってでもコロナ感染者の宿泊療養施設をつくろうという思い切ったプロジェクトの発想は、「茹でガエル」になってはならないとの危機意識を共有する八十代（笹川）、七十代（尾形）、六十代（前田）三世代の役員の合作であった。

■スピードが本領

三人（笹川、尾形、前田）の話を総合すると、新型コロナウイルス感染者を受け入れる宿泊療養施設（完成後、「日本財団災害危機サポートセンター」との名称になる）の計画は次のような経緯で立ち上げられた。

2020年3月13日、新型インフルエンザ等対策特別措置法の対象に新型コロナウイルス感染者を追加する新たな特別措置法が参院本会議で可決、成立し、総理大臣による緊急事態宣言の発令がいつでも可能な状態になった。そして3月下旬になると、新型コロナウイルス感染者が急増し始める。

日本財団として何をするか。尾形と前田の立ち話では、ニューヨークのセントラルパークに野戦病院のような感染者収容施設が建設され、医師たちによる懸命な緊急診療の様子を映し出したニュースが話題になった。映像を見た尾形と前田はすぐに、茨城県のつくば市に日本財団が所有する広大な土地を思い浮かべたという。

それは日本財団グループの旧海洋政策研究財団（現在の笹川平和財団・海洋政策研究所）の実験・研究施設の跡地で、約五万七千平方メートルもある。尾形はこの跡地を福祉事業などに活用できないものかと常々考えていたという。

「いまに病院の病床が足りなくなります。大型のテント張り施設やパーテーションで仕切った臨時の病床であっても、軽症の感染者なら受け入れることは可能だと思います」

前田の提案に尾形はすぐに賛同し、その日在宅勤務だった会長の笹川に電話をかけ、提案を伝えた。

笹川は即座に「それだ」と言った。しかし、それと同時に、尾形と前田が思い浮かばなかった別の提案を付け加えた。

「つくばというより、もっと身近なところにもスペースはある。お台場の船の科学館の敷地とパラアリーナはどうだろう」

日々の業務と自分の行動をメモした手帳を見ながら語る前田によれば、このやりとりがあったのが2020年3月31日。それ以降、動きは加速する。

翌4月1日の早朝、笹川、尾形、前田の三人に経営企画・広報担当常務理事の笹川順平（1975年生まれ）が加わって、総勢四人がお台場の視察に出かけた。小雨が降るあいにくの空模様だったが、四人は傘をさして動き回った。その結果、まずお台場に感染者の療養施設を建設することは十分可能だという点で意見が一致した。

この後、赤坂の日本財団ビルに戻った四人は、船の科学館関係の工事や日本財団ビルの改修工事を通じてつながりのある大手ゼネコンの設計担当者にも来てもらい、お台場に軽症の感染患者を受け入れる宿泊療養施設をつくることについて意見を聞いた。

最高責任者である笹川陽平は、尾形以下の役員には、こう指示していた。

「どういうふうにやれば、早くつくれるかを調べてほしい」

それだけでなく、「あした（4月2日）か、あさって（4月3日）には記者発表をしたい」

と言い、「施設を説明するためには、ポンチ絵（構想図）が必要だ」とも付け加えた。

それを聞いた大手ゼネコンの担当者は驚いた。余りにも性急だと思えたからだ。さすがに前田も、ゼネコン側の驚きに無理はないと思ったようである。

「ゼネコンは絵を描くだけでなく、実際に建物をつくるわけですから、どんな構想なのか具体像を知りたい。ところが、こちらはあの時点ではまだ、医療関係者ら専門家と十分な話し合いをしていなかった。重篤・重症の感染者は病院で治療を受ける。日本財団施設はそれ以外の軽症者を対象にする……。そんな漠然としたイメージしか話せなかった。それでいて、われわれは、最短ならいつ完成しますか、と尋ねたのですから」

前田によれば、ゼネコン側は次のように率直に答えた。

「大至急やりたいという国の要請でもない限り、われわれ民間企業が大急ぎでやろうとしても、資材の調達や（建築確認申請など）さまざまな手続きに時間がかかる。仮に私たちが受注したとすると、つくるのがたとえ臨時の施設で、どんなに大急ぎでやったとしても、最短で二カ月以上、いや三カ月はかかります」

それでは、医療崩壊を防ぐためにせめて軽症の感染者を受け入れる施設が必要となる急場の役には立たないのではないか。

ふつうなら、これで計画は立ち消えとなるところだ。しかし、日本財団はあきらめてはいなかった。日本財団は常に、計画のすべてが実現しなくても、その半分か一部でも生き残れば、前に進むことになる——との考えに立っている。

■あえてリスクを背負う

計画続行を可能にしたのは、常務理事の一人である笹川順平の軽いフットワークだった。

日本財団の役員の中で最も若い笹川順平の経歴を紹介しておく。慶応義塾大学を卒業して大手商社に入社。その後、米国留学し、ハーバード大学行政大学院を修了。世界的なコンサルティング会社マッキンゼー・アンド・カンパニーで三年間勤務。2008年、住宅関連商材の製造・販売会社であるナスタ（東京都港区）に入社、事業統括の専務取締役を経て2013年に代表取締役社長に就任した。2017年から日本財団の常務理事も務めている。笹川陽平会長の次男である。

日本財団の会長以下の役員四人による２０２０年４月１日のお台場視察についてはすでに述べたが、その中で笹川順平常務の動きに注目してみる。

専務の前田によれば、この日お台場を視察した役員四人は前述のように午後一時半ごろから、大手ゼネコンの設計担当者の意見を聞いた。これと並行して笹川常務は、ナスタの仕事を通じて信頼関係を築いていた大手ハウスメーカーの役員と連絡をとり、意見を聞いた。その結果を携えて、午後三時半から日本財団の役員会議に出席し、次のように説明している。

笹川順平

プレハブ住宅づくりのパイオニアといえるこのハウスメーカーの話だと、軽症の感染者のための臨時の宿泊療養施設をつくるにはいくつかの方法がある。大型のテントを張り、その中に仕切られた病床を設置するやり方。大型テントではなく、大きな体育館や倉庫であってもいい。また、災害時の被災者向け仮設住宅のようなプレハブハウスも臨時の療養施設となり得る。このうち、大型テントの中に仕切られた病床をつくる方法ならば、三週間ぐらいで完成するという。

この説明の後、日本財団はハウスメーカーのプランを採用することを決めた。その最大の理由はスピードである。「とにかく、きちっとしたものをすばやくつくることが第一だと考えたから」（前田）だが、それだけではないと笹川常務は語る。

日本財団には、ハウスメーカーだけでなく、大手ゼネコンを含むいくつかの発注先候補があった。当時は新型コロナウイルスの感染が蔓延しかかっていた時期で、建築・建設関係の企業は軒並み工事をストップし、新たに受注しないという方針を打ち出していた。

「そんな状況下、日本財団としては、こちらの無理なお願いを聞いてくれることと、もう一つ、スピード感をもって作業を進められる（企業としての）体力があること、この二点が大事でした。体力とは、いろんな分野の人材を抱えていることや、蓄積されたノウハウを投入できる能力を指します」

日本財団は最初から、常設ではなく、臨時の施設をつくる方針だったから、オフィスビルの経験というより、国内外での仮設住宅などの建設ノウハウをもつ企業を求めていた。

その意味で、お台場で立ち上げようとしていた軽症感染者のための宿泊療養施設の建設プロジェクトには、プレハブ住宅メーカーとしての実績をもつこのハウスメーカーは妥当な選択肢だった。

ただし、お台場の宿泊療養施設は前例のない特別な施設であった。工事に着手した時点では、コロナ禍の規模がどれぐらいに広がっていくのか、見当がつかなかった。

地震や津波などの自然災害の時と同様に、行政が果たして建築確認申請を許可してくれるのか。それとも、許可を見通せない段階で工事を進めていくことになるのか。日本財団の要望通りに工事を進めて大丈夫なのか。近隣の住民たちの理解は得られるのか……。

当初はさまざまな懸念が、工事を請け負うハウスメーカー側にあったのではないか、と笹川常務は推察する。

「(ハウスメーカーの)担当役員の方と一日に三回も四回も連絡をとりながら、疑問や懸念を一つ一つ解決し、解消していく作業を続けました」

ともあれ、日本財団は走りながら考える。4月1日、軽症の感染者を受け入れる宿泊療養施設の工事をハウスメーカーに発注し、間髪を容れずに4月3日午後には記者発表を行ったのである。「計画をまとめるまでに二日半」(笹川会長)は、誇張とは言えない。

いわゆるお役所仕事には見られないスピード感のある動きだが、外から見ていると解決しなければならない問題が多過ぎて、大丈夫だろうかと思ってしまう。そうした筆者の率直な問いかけに対し、笹川順平は二通りの回答を投げ返してくれた。

まず、民間企業経営者の立場からの回答だと断ったうえでのコメントは次の通りだ。

「感染者のための施設づくりと聞いて、私も最初は戸惑いました。民間の営利企業なら、予測できないリスクがある場合は、投資はしません。それが鉄則です」

しかし、日本財団の役員としての意見を求めると、まったく異なったトーンのコメントになった。

「誰もやろうとしないことを、それがたとえ失敗に終わる可能性があっても、世のため人のためになる可能性があるのなら進めていく。見返りを求める必要がないことが公益財団法人である日本財団の絶対的な強みであると感じます。誰に批判されようが、社会的使命の大義に則って行動する。意思決定の速さと強いリーダーシップが、この組織の要だと思います」

模範答弁になってしまったと本人は思ったのかもしれない。日本財団での仕事を違和感なく続けているわけですねと念押しすると、ざっくばらんな答えが跳ね返ってきた。

「いや、違和感はありますよ。だって、ふつうなら、どうしてこのプロジェクトに何十億円ものお金を投じるのだろうかと思うはずです。本当に感染者を受け入れることになるのだろうか、医師や看護師を適正に配置できるだろうか……などと、毎日が葛藤の連続です。日本財団のスタッフは、皆そうだと思います」

正直な胸のうちであったと思う。

この後、お台場の宿泊療養施設の計画は何度か修正された。民間なら考えにくい変更の連続に笹川順平は走り回った。

■理事長の根回し

日本財団による新型コロナウイルス感染者の宿泊療養施設の整備計画は、すでに述べたように、そもそもは理事長の尾形武寿と専務理事の前田晃の立ち話から生まれた。改めて尾形に話を聞くと、立ち話の二週間ほど前から、尾形自身の中では「日本財団として何かやらなければならない」との意識が高まっていたという。

きっかけがある。日本財団が全面的に助成する日中医学協会が1986年から実施している「日中笹川医学奨学金」の恩恵を受けた中国・天津市の医師が「お世話になった日本財団の手助けをしたい」とＰＣＲ検査キット一万点の寄贈を申し出てきたことだ。

受け取って役に立てることができるかどうか。尾形は厚生労働省の担当部局に話を持ち込んだが、感染症の対応に多忙を極めていたためだろう、すぐには返事がなかった。このため、尾形は加藤勝信厚労相（当時）の秘書官に電話し、「寄贈の申し出を受けていいか、大臣に聞いてほしい」と頼んだ。

すると、厚労相本人から直接、尾形に電話がかかってきた。

「ありがたいお話ですが、ＰＣＲ検査キットについては試薬や精度の問題をクリアしなければなりません。いくつかのサンプルを送っていただきたい」

それで、厚労省が送られてきた検査キットのサンプルを調べた結果、精度にばらつきがあって使えないことがわかった。尾形は天津市の医師にお礼を言い、丁重に断っている。

しかし、この出来事は、尾形の意識をコロナ対策に強く引きつけることになった。尾形は加藤厚労相とはすでに何度か会っているが、コロナ禍をきっかけに、より率直に意見を交換し合える関係となったという。

日本財団の主たる財源は公営競技であるボートレースの収益に依る。

日本財団のホームページなどによれば、日本財団は全国の地方自治体が主催するボートレースの売上金（２０２０年度は約二兆九百五十一億円）の約３％を交付金として受け入れ、それをもとに国内外の公益事業を支援している。

それらの事業はモーターボート競走法に則って実施されるから、監督官庁の国土交通省に報告したり、許可を受けたりすることが多い。したがって、日本財団は民間組織でありながら、国交省をはじめとするお役所とは深いつながりをもっている。日々の業務に関してお役所との意思の疎通を欠いてはならない。

何事にも前例を重んじ、慎重な姿勢を崩さないのがお役所である。これに対し、日本財団はスピードを身上とするが、だからといって抜き打ち的に独自の事業を始めるのは好ましくない。とくに、日本全体を揺るがしている新型コロナウイルス禍が関係する場合は官庁との緊密な連携が必須だった。

尾形武寿

ざっくばらんな口調で筆者のインタビューに応じていた尾形が、首相官邸、あるいは国交省など官庁側に対峙する日本財団の立ち位置を物語るエピソードの一部を明かしたことがある。公表して不都合な内容ではないが、水面下の微妙な動きであり、興味深かった。

尾形は、コロナ感染者の宿泊療養施設を整備しようという計画がまだ日本財団のプロジェクトになっていなかった時期に、それについての政権中枢の関心度を探ろうとしたことがある。前述2020年4月3日の記者会見の二週間以上前のことだという。

尾形は首相官邸の高官の一人を訪ねた。その時、訪問の用件ではなかったが新型コロナウイルス禍が話題になった。

「日本財団としても、感染者を受け入れる施設を提供しようと考えています」

「ぜひ、やってください」

しばらくたって、今度は首相官邸の別の高官が尾形に電話をかけてきて、件の感染者宿泊療養施設のことを切り出した。

「ありがとうございます。構想が具体化すれば、教えてください」

そして、日本財団はお台場に施設をつくる計画を発表することになった。記者会見の直前に、尾形は各方面への念押しを欠かさなかった。

会見二日前の4月1日、尾形は官邸に電話し、加藤厚労相にも連絡した。厚労相はこう言ったという。

「ありがとうございます。民間からそういう申し出を受けたのは初めてです。大変助かります」

むろん尾形は監督官庁である国交省への通知を忘れてはいない。

翌4月2日、尾形はさらに精力的に動いた。午前中は前田と共に、感染者のための施設を整備するもう一つの予定地であるつくば市の研究所跡地を視察し、午後は厚労省に出向き、医政局の幹部らと会談している。翌日の記者会見の狙いを説明し、新型コロナウイルス禍に取り組む厚労省と日本財団の方針のすり合わせを行うためだった。

「私が強調したのは、これは（3月13日に成立した）新型インフルエンザ等対策特別措置法の改正法に基づく計画であること、日本財団は医療行為はできないし、医療施設を運営することもできないから、実際に施設を運営するのは東京都になること。だから、東京都と厚労省は十分協議していただきたいということを申し上げたのでした」

尾形は記者会見に先立ち、小池百合子・東京都知事の側近にも電話をかけている。

「どうか、知事によろしくお伝えください」

日本財団が提案した感染者のための宿泊療養施設は、政府や東京都という行政側が本腰を入れてくれないと前に進まない。だから、くど過ぎるほどの事前の根回しが必要なのである。

■官僚人脈を知る

大きなプロジェクトである場合、日本財団は必ず、会長の笹川陽平と理事長の尾形武寿が先頭に立って行政側との折衝にあたる。筆者の見るところ、国際協力分野の仕事で海外出張が多い会長を手助けし、要路の人物との折衝にあたることが多い尾形ほど、行政側の実務官僚に納得してもらうツボを心得た人物はいない。

お役所に気分良く動いてもらうコツは何か。率直な質問に尾形は答えた。

「日本財団がやろうとする事業を、法律とか制度とかに基づいて管理、監督する行政マンがいます。彼らの許可を得なければ、事業を進めることはできません。そこで、事業の説明を始めるわけですが、やらせてくださいといったお願いベースではダメです。この事業は必要なのだ、世のため人のためになるのだから、やることに異議はないはずだという強い自信があって初めて、官僚の理解を得ることができると思います」

本来は行政がやるべき仕事を代行しているのだという自負心と言い換えてもいい。

「むろん、横柄な態度はいけません。しかし、卑屈な態度はいい結果にはつながらない」

尾形が折衝の相手としたのは、当然ながら主として日本財団の監督官庁である国土交通省（旧運輸省）の官僚たちだ。しかし、国交省に限られたわけではない。自らが培った幅広い官僚人脈の詳細は明かさない尾形ではあるが、優秀な官僚たちとの相互信頼関係を築き、彼らに日本財団の存在意義を認識してもらうに至った過程の大筋を語ってくれた。

日本舶用機械輸出振興会ロッテルダム事務所長を務めた後、１９８０年に日本財団（当時は日本船舶振興会）に入った尾形は、関連団体の笹川平和財団への出向を経て日本財団に戻り、総務部長や常務理事を歴任し、２００５年に理事長に就任している。

尾形は、四十年余に及ぶ日本財団での仕事を通して、この霞が関という官僚社会を歩き回り、自分の顔と名前を売り込んだ。そして、東大法学部卒が圧倒的に多い、いわゆるキャリア官僚たちの特性を知った。彼らが、所属の省庁にかかわらず、入省年次ごとに強いつながりの意識を持っていることである。

人間関係の地ならしを終えると、後はスムーズに事が運ぶ。

「何々省の誰それに仕事で会う必要が生じた時、その人物の入省年次を調べ、旧知の運輸省の同期入省の人に電話して紹介を頼みます。そうしてから会うと、日本財団の方針や私の考えをすぐに理解してくれました」

尾形はこうも言った。

「こんな支援事業を実施したいが、どうしたらいいかなどと聞いているようでは話になりません。お願いすることに関係する法律などをきちんと勉強し、問題意識をもって意見を聞く。そうでないと、バカにされるだけです」

このようにして尾形は霞が関の人脈を広げていった。その中には事務次官や県知事を務めた人物もいる。

尾形が語った、日本財団と官僚たちとの間の、ある種の緊張と相互信頼の関係は、この新型コロナウイルスの対策プロジェクトにもあてはめて考えることができる。尾形は自らの人脈を駆使しつつ、根回しを怠らなかった。

■お役所の長所と短所

日本財団は新型コロナウイルス対策プロジェクトの第一弾として軽症の感染者を受け入

れる宿泊療養施設の設置を決断し、その実務を二人の常務理事が担うことになった。

前述した経営企画広報部担当の常務理事である笹川順平が建設工事の発注先である大手ハウスメーカーとの折衝にあたったことはすでに述べた。そして、公益事業を担当する常務理事の吉倉和宏（１９６７年生まれ）は、施設の運営主体となる東京都や厚生労働省との調整など行政関連の業務を担うことになった。

会長の笹川陽平や理事長の尾形武寿から指示を受けた時、吉倉は「これはまったく新しい仕事になる」と思った。日本財団が経験したことがない類型のプロジェクトであったからだ。

吉倉和宏

「これまでに経験した震災や風水害などの自然災害の場合、被災→復旧→復興……と、苦難はあっても、だんだん状況は良くなっていくという見通しがあった。状況を見ながら、日本財団として何をやるべきかを考えることができた」

ところが、新型コロナウイルス禍の場合、これから事態がどう展開するのか、誰も先を予測できず、やるべきことの可否の判断が難しい状況が続いた。

「日本財団がつくる施設に、どのような症状の感染者が入ることになるのか。（想定通りの）軽症者だけなのか、それとも軽症以上の人まで受け入れることになるのか。まったく読めなかった」

まさに「見えない敵」を相手にしている思いだった。

「状況の変化に柔軟に対応してすばやく意思決定を行わなければならないことが多く、緊張した局面が続きました」

新型コロナウイルスに対応する措置として、日本財団は全役職員に対して「原則はテレワークとする」と指示していた。しかし、4月3日の緊急支援第一弾の記者発表から同月末まで、吉倉が在宅勤務で済ますことができたのはわずか一日だった。厚労省や東京都に出向くなど外勤が多かったからだ。

新型コロナウイルス禍のただ中である。ストレスがたまったのではないか。しかし、吉倉には「見えない敵」を相手にした未経験の仕事を苦にする様子はうかがえなかった。

大正大学文学部・社会福祉学科を卒業した吉倉が日本財団に入会したのは1991年4月である。業務第二部公益課（当時）を振り出しに総務部、広報部、公益福祉部、海洋船舶部などあらゆる分野の業務を経験してきた。かかわった事業は、障害者の工賃向上のための就労支援事業、自治体との協働による自殺防止プロジェクト、出所者の再犯を防止する職親プロジェクト……と多岐にわたっている。総務部長、経理部長を経て、２０１７年６月、公益事業担当の常務理事に昇進した。

吉倉が自らの経歴の中で、とくに今回の新型コロナウイルス禍の取り組みとの因縁を感じるのは、日本財団に入って二年後の１９９３年４月から二年間、当時の運輸省に出向した経験である。

「死ぬかと思うほどの残業が続いた二年間でした」

吉倉は、二年にわたった官僚たちとの濃密な接触によって、お役所がいかなる組織であるか、そして官僚とは何か、その長所と短所の両面を実地で学んだ。

「役所というのは、ツリー構造になぞらえて言えば、上の方から憲法、法律、政令、省令、告示、通達といった法規定に縛られて仕事をすることになっており、すべてがこれらの規定に則って動きます」

また、吉倉は言う。日本財団やふつうの民間企業の場合、人事異動があれば、そのポストにあった人物が作成した資料は、事情に詳しいその人物についていく。ところが、役所の異動では、資料はすべて後任に引き継がれ、その部署に残しておく。徹底した継続性重視だ。

「それに気付いた時、役所ってすごいなと感心しました」

吉倉はその時の単純な感嘆を、当時の上司であるキャリア官僚に語った。すると、上司は冷然とした表情で、自嘲的に論評した。

「だから、役所の人間はダメなんだ。大きな変革ができないのだ」

緻密な論理構成と共に継続性重視の思考は官僚の長所であると同時に、杓子定規や前例の固守という通弊に陥りやすい短所でもある。吉倉ははっきりとは言わなかったが、二年間の運輸省出向の経験によって官僚のプラス、マイナス両面の特性に気付いたのだろう。吉倉の官僚に関する原体験は、三十年近い年月を経て、コロナ禍の取り組みで役に立っている。

■慎重だった東京都

日本財団がお台場に新型コロナウイルスの感染者を受け入れる施設をつくる計画を発表

した2020年4月3日といえば、政府が東京、大阪、福岡など全国の七都府県に第一回目の緊急事態宣言を発令（4月7日）する直前であり、感染者が全国的に急増した時期であった。

そんな中、吉倉は時には理事長の尾形に随行し、あるいは部下の職員と共に厚生労働省や東京都庁に頻繁に足を運んだ。日本財団はお台場で感染者宿泊療養施設を整備し、提供すると表明し、それを活用するよう行政側に働きかけた。日本財団としては、行政側の考え方と受け入れの意思を確認しなければならなかったのだ。

厚労省の主な訪問先は医政局である。吉倉が会った官僚の中には、新型コロナウイルス禍の震源地となった中国・武漢市を視察したり、集団感染が起きたクルーズ船「ダイヤモンド・プリンセス号」が横浜港に停泊中に乗り込んだりした医官もいた。

繰り返し述べるが、厚労省は軽症感染者をどのように扱うべきか、その対応に苦慮していた。吉倉によれば、医政局は4月7日、日本財団との間で次のような方針を共有したようである。

「軽度の感染者で、かつ無症状の人はホテルか自宅で療養してもらう。そして、軽症で症状のある人、さらに中等症でも比較的症状が安定している（酸素吸入などは不要な）患者を日本財団の施設が引き受けていただければありがたい。お台場の施設は重要です」

このころ、日本財団はお台場に整備する軽症感染者のための宿泊療養施設として、次のような三つのタイプを考えていた。
① 日本財団パラアリーナの体育館部分を仕切ってつくるブース病床
② 駐車場敷地に設置する大型テント内につくるブース病床（のちに取りやめ）
③ 駐車場敷地に建設する応急住宅タイプの個室型プレハブハウス
4月9日、吉倉は東京都都市整備局の担当者に会った。議題の中心はお台場の施設の建築確認申請である。重要な問題だった。手続きをしないまま着工し、作業を続ければ違法建築となってしまうからだ。ただし、日本財団パラアリーナの施設の場合は建築確認ではなく「用途の変更」となるので、都ではなく、品川区に届け出る必要が生じた。大型テントとプレハブハウスは建築確認申請が必要となる。

吉倉によれば、この時の協議で都市整備局と日本財団は建築確認申請の主体は東京都だとする考えで一致した。吉倉は「これでいける」と思った。

東京都都市整備局の話だと、3月13日に成立した新型インフルエンザ等対策特別措置法の改正法によって、災害時の仮設建築物（特措法に基づく臨時医療施設）は建築確認申請を後回しにして着工できる。

吉倉は4月14日にも東京都庁で、厚労省医政局や都福祉保健局、さらに工事の発注先である大手ハウスメーカーをまじえて協議した。この時、建築主が東京都であること、一連の施設の整備には改正された新型インフルエンザ等対策特別措置法が適用されること、竣工から三カ月以内に建築確認申請がなされることなどが改めて確認された。

これらの経過をたどった後、日本財団が計画したお台場の感染者施設は着工された。４月16日のことである。

ところが、後になって、施設運営の医療面を所管する東京都の福祉保健局は件の建築確認申請手続きについて、日本財団に対し慎重な見解というより、強い懸念を伝えてきた。「特措法に基づく（第一回目の）緊急事態宣言は（２０２０年5月25日に）全面解除された。したがって、後から遡って建築確認申請ができるという根拠が失われている。これでは申請の説明責任を果たせない」

着工は違法になってしまうのではないかという指摘である。内閣府の見解でもあるらしい。法律を厳密に解釈すれば、もっともだと言えるかもしれない。

しかし、吉倉の言動からは慌てた様子がうかがえなかった。それだけでなく、東京都福社保健局の懸念に対する吉倉の意見は極めて大胆だった。

「(感染者のための臨時の医療施設という) 前例のない施設ですから、(手続き面で) 文句をつけようと思えば、いくらでも文句がつけられる。むろん、法律に違反することはできません。しかし、法律の条文を何から何まで厳密に解釈していたら、それこそ何もできなくなります。……ほんとに医療崩壊が起きて、とんでもない事態になってからあわてて決断しても間に合いません。今は、思い切って決断しなければならない時なのだと思いました」

施設の工事はストップさせない、自己責任でもやり抜きたいと、吉倉は腹をくっていたようである。

結局、建築確認申請は、施設が完成した後に提出される形で認められた。緊急事態宣言の発令中に日本財団と東京都が施設の賃貸借契約を結んでいたことの証拠となる協定書の存在によって、障害が取り除かれたのである。

失敗するかもしれないと心配するよりも、どうしたら成功するかを考える。日本財団流の積極策が実を結んだ一例である。

第１章　緊急支援第一弾

第2章

支援改まる

（1）未知の災害

■現実即応の縮小

例年なら華やいだムードに包まれる日本列島のゴールデンウィーク（GW）も、2020年は陰鬱な空気に覆われていた。

そんなGW最中の5月1日、日本財団がお台場（東京都品川区）の「船の科学館」の敷地や隣接の「日本財団パラアリーナ」で整備に取り組んでいた軽症の感染患者のための宿泊療養施設（東京都へ無償貸与を予定）のうち、パラアリーナ部分の工事がほぼ完了し、別に敷地内の駐車場に建設していた大型テント施設と共に報道陣に公開された。

一カ月前の4月3日、日本財団はこのお台場の施設をコロナ禍対策プロジェクトの第一弾として、4月末を目途に完成させると発表していた。日本財団パラアリーナの体育館部分をパーテーションで仕切ったブース型の宿泊療養施設である。米国ニューヨークのセントラルパークにつくられた野戦病院のような臨時の感染者受け入れ施設にヒントを得たものだ。病床数は当初、「最大計千二百床」としていた。

ただし、この計画は日本財団が「走りながら考える」（笹川陽平会長）と表明していた通り、少しでも不都合、または改良すべき点が見つかったりすれば、ためらいなく修正、変更された。面子などには一切こだわらなかった。

日本財団は工事を請け負う大手ハウスメーカーと協議し、4月16日には工事に取り掛かったが、5月1日までに完了した日本財団パラアリーナ部分の病床数は当初予定の二百八十床から百床になった。駐車場に建てる大型テントも八～九棟（病床は計九百床程度）から一棟のみ（最終的には病床なし）へと大幅に削減された。

さらに、注目すべき計画の変更があった。大型テントが八～九棟から一棟へと大幅に減ったことであいた駐車場スペースを有効活用するアイデアである。そこに「応急仮設住宅」タイプの個室型プレハブハウスを十四棟建設し、百四十室を確保するとした。これは、より質の高い宿泊療養施設を提供するための変更といっていい。

日本財団は当初、コロナ禍の拡大による医療体制の逼迫に備えて、野戦病院的なイメージで病床を設営しようと考えていたようだ。しかし、その後、コロナウイルスに数々の変異種があることが判明するなど状況は時々刻々変化した。それで、コロナ禍対策も、より必要とされるであろう完全個室型施設の整備へと方針を転換することになった。これが、病床数が減った背景である。

日本財団会長の笹川陽平は、病床数の削減など大きな計画変更について、自らがきちんと説明しなければならないと考えたに違いない。新型コロナウイルス感染症対策のプロジェクト第一弾を発表した4月3日と同様に日本財団パラアリーナで行った5月1日の記者会見で、病床数を減らした理由を率直に説明した。

「当初はお台場だけで最大千二百床の宿泊療養施設をつくる計画でした。しかし、その後、災害医療や感染症に詳しい専門医、特に国際社会で活躍しておられる先生方や、そしてまた、実際に施設を運営していただくことになる東京都など専門家のご意見を拝聴するなかで、より多様な感染症対策施設の必要性を認識するようになりました。その結果、計画を抜本的に見直すことにしたのです」

プロジェクト第一弾を発表した2020年4月3日以降、日本国内の感染者は急カーブを描いて増え続け、東京都では新たな感染者が二百人を超す日も出てきた。のちにはその数倍から二十倍以上もの数になる。

政府は4月7日、東京、埼玉、千葉、神奈川、大阪、兵庫、福岡の七都府県に新型コロナウイルス感染の緊急事態宣言を発令し、4月16日には宣言の対象を全国に拡大した。こ

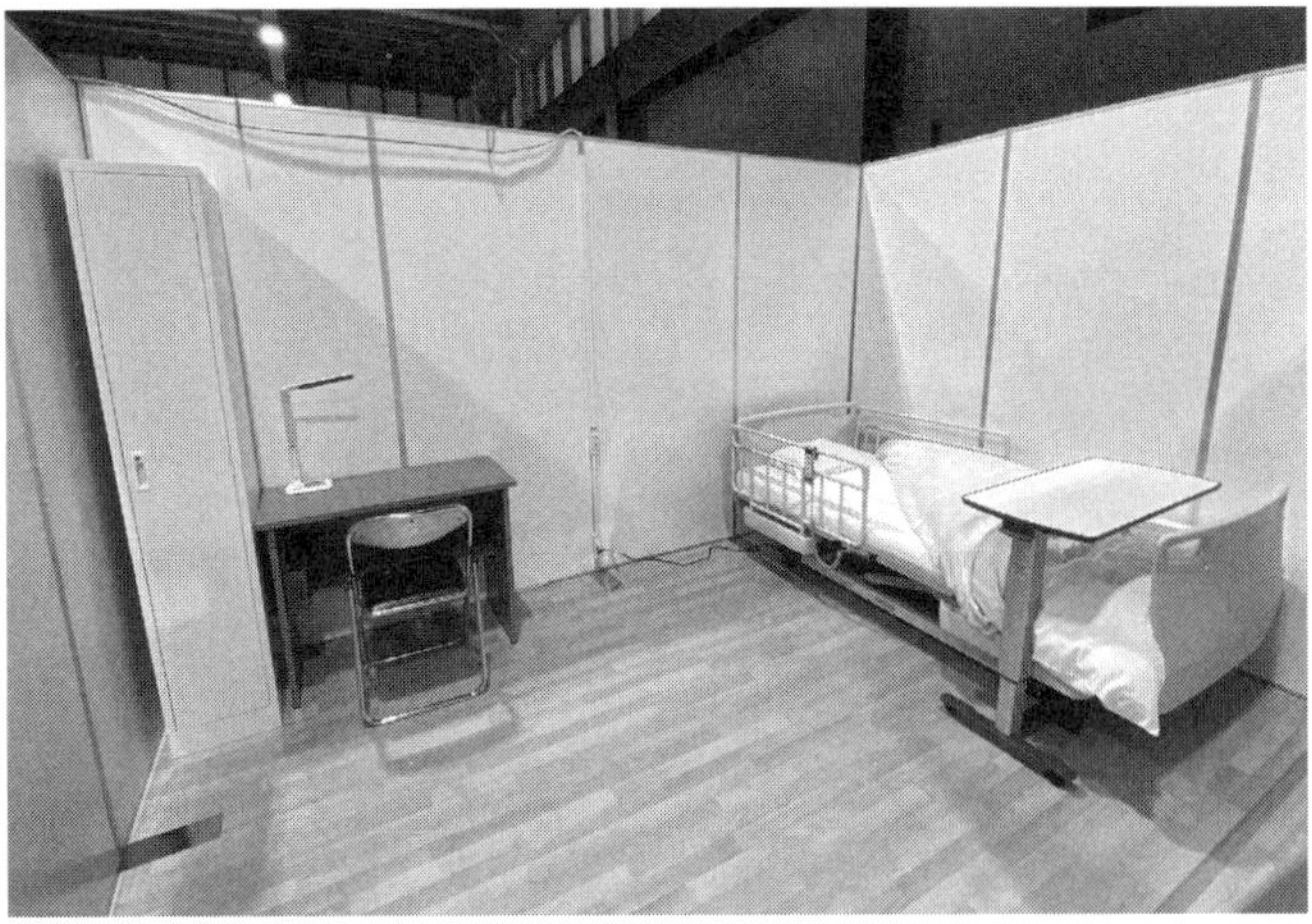

パラアリーナの体育館を仕切って急造された感染者宿泊療養施設㊤。
ベッドのほかデスクやロッカーも備え付けられたが、結局使われなかった㊦
(2020年5月1日、東京・お台場)

の第一回目の緊急事態宣言が全国で解除されたのは一カ月半後の5月25日。だが、それで事態が収束に向かったわけではない。状況は明らかにコロナ禍の長期化を示していた。

（注＝事実、感染者数は上昇し続けた。２０２１年1月7日、東京都内の一日当たりの新規感染者数は当時過去最多の二千四百四十七人と報告された。この数字はのちに二千五百二十人と訂正されている）

笹川は説明を続けた。

「感染患者の受け入れ先も病院だけではありません。軽症者や無症状者の場合はホテルなど、宿泊療養先も多様化しています。そんな状況下、お台場の施設も千床、千二百床と数の多さだけにこだわるのではなく、感染者にとっての快適性や医療従事者の勤務のしやすさといった質を考慮しなければならないと判断したのです」

それで、受け入れ可能な感染患者の病床数をひとまず、百床プラス百四十床（室）の計二百四十床にしたという。

■専門家の助言

日本財団によれば、お台場のコロナ感染者のための宿泊療養施設について病床数の大幅な削減を決めたのは、2020年4月の下旬。そのきっかけとなったのが、4月17日に開かれた会議だった。

災害医療や看護について豊富な知見を有する専門家三人から忌憚のない意見を聞いた日本財団の部内会議である。日本財団側は会長の笹川陽平、理事長の尾形武寿、専務理事の前田晃のほか、新型コロナウイルス対策を担当する吉倉和宏、笹川順平両常務理事、さらに対策チームの部長、職員らが出席している。

筆者の取材メモから、やりとりのいくつかを抜粋して紹介する。

日本財団「病床の配置をどうすべきか。パラアリーナの体育館（注＝床面積二千三十五平方メートル）に二百八十床を配置する計画だが、病床一区画当たりのスペースとして十分だろうか」

専門家「病院の基準としては広さが足りない。緊急避難所的な施設だということで黙認してもらえるかどうか。感染者が不満を抱くことがないか、などの懸念がある。一～二週間の短期間の受け入れになるわけだが、感染者がメンタル面で耐えられる環境を備えた施設であるかどうかを考えなければならない。日本財団は、あくまでパラアリーナに二百八十床という数字にこだわるのか」

日本財団「どのような症状の人を受け入れることになるのか。これまでに厚生労働省や東京都と話し合った限りでは、感染していったんは入院した人でも、テレビを見ていられるような症状になれば病院から出てもらうことになっている。その人たちのうち、PCR検査で陽性であっても軽度の症状の人、あるいは中等度でも容態が安定し、酸素吸入の必要でない人など、まず日本財団の施設で受け入れ可能な対象者を決めなければならない」

専門家「日本財団の施設に入るのは、症状が軽い、比較的元気な人が多いはずだ。しかし、元気な分、（感染者同士の）トラブルがあることも予想される。したがって、病床のまわりにはゆとり感のあるスペースが必要だから、（二百八十床の）計画ではちょっと厳しいのではないか」

日本財団「トイレとシャワーについてのご意見を伺いたい。一人一基にしなければならないのだろうか」

専門家「共同使用にしなければならないとしたら、非常に大きな課題となる。感染者同士の接触は避けた方がいいからだ」
日本財団「共同使用になるとしても、使用するごとに消毒するという方式でどうだろうか」
専門家「この問題は、きちんと詰めておく必要がある」
日本財団「一つ、提起しておきたいことがある。陰圧装置は確保しているが、施設でＰＣＲ検査を行うかどうかは、まだ決めていない」
専門家「まだ、（施設で）ＰＣＲ検査をした方がいいという結論をもつには至っていないが、しなければならなくなったら、やるしかない」
日本財団「施設は東京都が運営することになる。したがって、感染者を施設に入れる判断、指示は東京都が行う。約二週間後、施設を出る時にＰＣＲ検査を行うかどうかも東京都が判断する。陰圧装置は用意しておいた方がよいだろう。この会議での議論も参考に、東京都、厚労省、日本財団の三者で協議したい」

感染者がストレスを感じずに療養するための環境としては一人当たり少なくとも十平方メートルのスペースが必要だと専門家は指摘した。しかし、パラアリーナの体育館部分に二百八十床もの病床を設置すれば、一人当たりのスペースはせいぜい五平方メートルにしかならない。このデータを受けとめ、病床数は二百八十床から百床に削減されたのである。

5月1日の記者会見の後、記者たちは日本財団パラアリーナの体育館に案内され、仕切り板で分割された病床がずらりと並んでいるのを見学した。各スペースにはベッド一台のほか、デスクやロッカーも設置されていて、思ったよりははるかにゆったりとした十平方メートルの部屋だった。

しかし、窓はない。四角い大きな箱の中から高い天井を見上げる、なんとも殺風景な宿泊療養の疑似体験となった。筆者なら、正直に言って、我慢できるのはせいぜい二日だろうと思った。

体育館の外に設置された簡易トイレとシャワー室も気になった。共同使用について、専門家は「大きな問題になる」とし、使用のたびに入念に消毒を行うなど、かなり強力な感染防止対策が求められることになると指摘していた。

繰り返すが、日本財団パラアリーナはパラアスリートたちのかけがえのない練習拠点としての機能を一時停止し、感染者のための臨時の宿泊療養施設として提供されることになる。日本財団は当初、この施設について、コロナ禍の拡大による医療体制の逼迫に備えての野戦病院的な役割を想定していたようだ。

ところが、日本財団パラアリーナは結局のところ、感染者の宿泊療養施設として転用されることがないまま、元のパラスポーツの練習施設に戻ることになる。結果論的に言えば、無駄なことをしたとの批判を受けるかもしれない。

しかし、事がコロナ禍対策である限り、無駄と決めつけることはできないだろう。コロナ感染の拡大状況は予知できなかった。状況次第では、日本財団パラアリーナが、それこそ野戦病院のような役割を求められる事態になっていたかもしれないからだ。

日本財団パラアリーナの一時閉鎖をめぐるさまざまな出来事については、後の章で再度ふれたい。

■個室型プレハブハウス

日本財団が2020年5月1日の記者会見で打ち出したコロナ感染者の宿泊療養施設計画の修正で、笹川陽平が記者会見でとくに強調したポイントは、災害の被災地で見かけるような仮設住宅タイプの個室型プレハブハウス十四棟の設営だった。

「平屋の住宅です。一室の広さは二十平方メートル。シャワー室やトイレ、洗濯機や乾燥機を備えています」

なぜ、このような住宅タイプにしたのか。

「感染者が置かれた立場の多様さ、複雑さに対応するためです。感染者の中には、ひとり親家庭で子どもを抱えたお母さんや、介護が必要な高齢のお年寄りがいる場合もある。こうした家族が別々に暮らすのは極めて難しい。しかし、感染者が出たひとり親家庭や高齢者世帯の家族が一緒に療養でき、しかも医師や看護師が常駐している施設は今のところ、見当たらない。そのため、一般住宅のように住み、安心して療養していただく二人部屋の施設をつくったわけです」

ひとり親家庭や高齢者介護の支援などさまざまな福祉分野の取り組みを長年続けている日本財団ならではは発想といえる。ただし、感染防止の観点から見れば、感染者と非感染者を同居させる二人部屋の宿泊療養施設は是認できないとする専門家が圧倒的に多数を占めるのではないか。

ところが、この家族同居方式のプレハブハウスについては、意外なことに、肯定的な意

東京・お台場の船の科学館駐車場につくられた仮設住宅タイプの個室型プレハブハウス。バス・トイレ付で必要な家電製品は一通り備わっている（2020年7月30日）

見もあった。今回のお台場の宿泊療養施設のプロジェクトで２０２１年3月末までの一年間、日本財団のアドバイザーを務めた災害看護の専門家、山勢善江《やませよしえ》（湘南医療大学教授）は積極的に評価する見解を示していた。

「感染者と非感染者が同居する状況は、できれば避けたい。それは当然です。しかし、例えば母子家庭の母親が感染した場合、感染していない子どもをたった一人で自宅に残すわけにはいきません。母親と子どもを引き離すのは医学的には正しい措置であっても、人道上はどうかということです。児童養護施設が引き取れないこともあると聞きます。高齢者がいる場合も同様です」

山勢は「二人部屋」について、こう付け加

えていた。

「日本財団が提供した施設では、われわれ看護師が感染者の家族に対し、『してはならない注意事項』について徹底した指導を行い、医師と共に注意深く見守ることにします。ただし、これは、あくまでわれわれが覚悟している緊急事態におけるぎりぎりの対応です」

山勢は、安易に二人部屋を認めることではないと念を押して言った。

コロナ感染者が、その子どもや要介護の高齢者と一緒に宿泊療養できないものか──。日本財団がお台場に設営したプレハブハウスの宿泊療養施設は大きな問題提起を行ったことになる。その可否を判断するには、もっと踏み込んだ議論が必要だった。

プレハブハウスの活用法についてはその後、新たに別のアイデアが注入された。詳しくは後述するが、犬や猫などのペットと一緒に宿泊療養できるようにしたことが一つある。

それだけではない。5月1日の記者会見から一年四カ月後の2021年8月下旬、東京2020パラリンピックの開幕が迫っていたころになると、日本財団が東京都に提供したお台場の仮設住宅タイプのプレハブハウスが、感染患者のための貴重な宿泊療養施設として医療関係者の注目を集めるようになっていた。

というのは、このころ、新型コロナウイルス患者の入院率が首都圏と京都の五都府県で

10％を割り込む（厚生労働省調べ）など医療体制の逼迫が鮮明になったからだ。病床が足らないことから入院できず、自宅療養中に亡くなる痛ましいケースが相次いだ。

小池百合子・東京都知事は8月19日の都議会で、自民党都議が「（お台場の）プレハブ宿泊療養施設を重症化の恐れがなくなった入院患者の受け入れ先となるよう調整すべきではないか」とただしたのに対し、次のように賛同を表明する答弁を行っている。

「近隣の救急病院などから軽症や中等症となった患者を受け入れることは、新たな患者が、病院で必要な医療を受けられるようになることからも大変有効だ」

この当時、東京都内では重症者用に確保している病床の使用率がすでに70％に達し、病床の確保が喫緊の課題となっていた。

日本財団がお台場に設営したプレハブハウスの宿泊療養施設は最初の発表当初（2020年5月1日）はさほど注目を集めなかったが、医療体制の逼迫に伴い、その存在感を増してきた。笹川陽平が言っていた「備えあれば患えなし」とは、まさにこの施設のことであった。

（2）資金捻出の工夫

■官民協働、談判も

新型コロナウイルス対策プロジェクトの推進にあたり、日本財団が最も工夫を強いられたのは、やはり、関連する事業の資金をどうやって捻出するかであった。

日本財団の主たる収入源はモーターボート競走法の規定に基づく交付金（レース売上金の約3％）と寄付金である。2020年度の場合、交付金は前年度から百三十億円余り増えて六百四億円。寄付金も、日本財団の社会貢献活動への評価の高まりにつれて最近では増えており、前年度の倍以上の四十七億円にのぼった（2020年度収支決算書から）。

ざっと六百五十億円の収入をもとに日本財団はさまざまな助成事業だけでなく、自らが立案した自主事業を展開しているわけだ。2020年度は、助成事業と自主事業を合わせた総事業費は五百六十五億円に達した。

問題は、突発的な出来事にどう対応するかである。

これまでに起きた突発的な大災害に際し、日本財団はどれほどの事業費を注ぎ込んだか。調べてみると、１９９５年１月に起きた阪神・淡路大震災では94年度から98年度までの五カ年間で八十四億円、２０１１年３月の東日本大震災では２０１６年度までの七カ年間に二百九十三億円、そして２０１６年４月の熊本地震では２０１７年度までの二年間に百二十七億円にのぼっている（『日本財団は、いったい何をしているのか』第四巻参照）。

こうした突発的に発生した事案には、当初はまず、予備費が充てられる。しかし、無制限に充当できる予備費があるわけではない。予算不足に悩む国・自治体を助け、民間の活力を引き出すためにどうすべきか。社会変革のハブ（中軸）を自任する日本財団は、拠出する支援事業費の配分にいつも知恵を絞っている。

新型コロナウイルス対策プロジェクトの第一弾として、日本財団はお台場に感染者のための宿泊療養施設をつくると発表した。当初策定した事業費は約五十億円であった。

最初の記者会見（２０２０年４月３日）で、会長の笹川陽平は、

「施設の整備や運用に伴うあらゆる経費は日本財団が負担します」

しかも、その負担経費の中に「医師、看護師の手当てを含める」と、具体的に踏み込んで述べていた。

５月１日の記者会見でも笹川は改めて「お台場の施設づくりや、これからの運営にかか

る費用はすべて日本財団が負担します」と言明した。日本財団としての覚悟を示す文脈での発言だと筆者は理解した。

しかし、そもそもこうした療養施設の設置は行政が主体的に担うべき仕事である。日本財団は行政を助けて施設を整備し、感染者の療養に必要な設備や機材を提供する役割を分担するわけだから、医師、看護師ら医療従事者の人件費は本来、施設を運営する東京都が負担するのが道理ではないだろうか。

この問題については、しばらくのちに日本財団の役員が、東京都の担当幹部との間で次のようなやりとりを交わしている。

東京都「運営費の負担について教えてほしい。そもそも建設費や病床のベッド、プレハブハウス内の家電製品等については、日本財団が負担すると理解してよろしいか」

日本財団「その通り。日本財団が発注して納品が終わっているもの、すでに発注したものはすべて財団の予算で支払う」

東京都「運営費というと、人件費や備品の経費、賃貸料等が発生すると思うが、どのように考えているのか」

日本財団「日本財団が建設した施設を無償で東京都に利用していただくことは間違いない。一方、人件費や、これから発注する備品などについてはご負担をお願いしたい」

施設の運営に要する人件費をどこが負担するかはあいまいにできない。日本財団としては、いったんは「すべてを負担します」（笹川会長）とした前言を翻し、人件費の負担を東京都に求めたことになる。が、当の笹川は言い訳をするのでもなく、あっさりと、次のように語っていたそうだ。

「日本財団は日本財団で、やらなければならないことがたくさんありますから」

お台場の宿泊療養施設の医師・看護師らの人件費を東京都が引き受けるならば、日本財団はその分を他の新型コロナウイルス対策費に回すことができるのだ。コロナ禍に取り組み始めたファミリーホームや里親、訪問看護ステーション、さらには救急医療施設への支援を日本財団が検討していると説明すると、東京都側は人件費負担の議論をしなくなった。

結局、日本財団からやんわりと、対等な協力関係の構築を呼びかけられた東京都は人件費の負担を了承することになった。コロナ禍という未知の災害に立ち向かう笹川陽平流の官民協働シフトの提案には官庁側が拒みにくい説得力がある。

■相次ぐ寄付金

２０１１年の東日本大震災では、「支援金」や「義援金」に代表される、個人や団体・企業の志が込められたお金が被災地に向けられ、日本に「寄付文化」が定着するきっかけになったと日本財団はとらえている。

日本財団が震災発生の当日（3月11日）に開設した「東日本大震災支援基金」には個人や企業からの寄付が相次ぎ、その総額は震災発生から一年半後の２０１２年9月18日の時点で五十二億円を超えていた。基金への寄付の受付を終了した２０１７年7月末の時点では、寄付の累計額が九十億七千二百十六万円にのぼっていた。

今回の新型コロナウイルス禍も大震災と同等の災害だと位置付けている日本財団は、その対策にあたっても同じシフトをとった。政府が東京、大阪、福岡など七都府県に緊急事態宣言を発令した２０２０年4月7日、日本財団は「新型コロナウイルス緊急支援募金」の受付を開始した。

募金の集まりをたどってみると、４月19日の時点で千九十六件、三千八十七万円が寄せられ、その後も相次いだ。７月６日時点の集計ではいっきに十億七千二百四十七万円となり、11月16日には十三億八千二百二十万円、そして２０２１年３月８日の時点では十七億千六万円に達した。寄付文化の定着を物語る数字だ。ちなみに、２０２１年９月13日現在では二十九億二千四百六十七万円となった。

これら個人や団体の寄付者の大半は、寄付金の使途を日本財団に全面的に委ねている人たちで、募金は日本財団が行うさまざまな事業のための基金となって活用される。

しかし、中には寄付金の使途を、「子どもたちへの緊急食支援」といった生活困窮家庭の子ども支援のカテゴリーに限定することを希望する寄付者もいる。その場合、日本財団が橋渡し役を務め、寄付金（基金）が有効に使われるようにプロジェクトを企画し、共同で運営していく。

新型コロナウイルス対策での使途限定の基金の代表例には、「愛のポケット基金（LOVE POCKET FUND）」がある。人気グループＳＭＡＰのメンバーだった稲垣吾郎、草彅剛、香取慎吾の三人がつくった「新しい地図」と日本財団が共同で立ち上げ、２０２０年４月27日に活動を開始した。

愛のポケット基金は「〝あなたのため〟が〝自分のため〟になる」との理念を掲げる。「誰かにやさしくすることで自分も幸せになれる」ような運動を目指しているという。

稲垣、草彅、香取の三人は新型コロナウイルス禍が長期化することを見越している。まずは医療の最前線で活躍している医師や看護師、ボランティアやその子どもたちの支援に基金を活用したいと語り、協力を呼び掛けた。

愛のポケット基金には２０２０年６月29日の時点で累計二億七千百九十一万円、２０２１年３月22日の時点では三億九千三百六十四万円、そして同年９月13日時点の累計では四億六千三百七十四万円となった。これは三人の知名度の高さや人気によるものだが、日本財団の活動が社会的な信頼を勝ち得たことの一つの証しでもある。

愛のポケット基金など使途限定の寄付金を含む「新型コロナウイルス緊急支援募金」は具体的にどのように活用されているのか。報告を続けよう。

第3章

緊急支援第二弾

（1）医療従事者へのエール

■愛のタクシーチケット

２０２０年から21年にかけての新型コロナウイルス禍との闘いで、医師や看護師ら医療従事者は感染リスクを顧みず、文字通り日夜奮闘を続けた。日本国民の誰もが彼らに対し、心を込めて声援を送った。とくに感染者が急増した２０２０年の4月以降は、医療崩壊の危機感が募ったこともあって、身近に接している医療従事者に連帯の気持ちを伝えたいとの思いが強まったようだ。

東京都江戸川区のホームページには、新型コロナウイルス感染症に対応している医療従事者に向けて、２０２０年5月1日以降に区民から寄せられた応援や感謝のメッセージ百五十五件が紹介されていた。

その一部を紹介する。

「医療従事者・医療関係者の皆様が休息出来る日が早く訪れて欲しいです。そのためにも、誰かを感染させて感染者を増やさないために、自分が感染しないように努めます。

『明けない夜はない』…時々心の中で呟いています」

「今回の新型コロナで、大変な現場の映像を見ていて、代わることが出来ない職業なんだなと改めて痛感。従事している方のご家族を考えると、本当に感謝しかありません」

「感染の恐れもある中で頑張っている姿を拝見するたびに胸が熱くなります。疲れているとは思いますが、あと少しです」

２０２０年5月20日、日本財団会長の笹川陽平は財団ビルでの記者会見で新型コロナウイルス禍対策プロジェクトの第二弾を発表した。先に打ち出したプロジェクトの第一弾である軽症感染者のための宿泊療養施設の設営計画とは異なる角度からの支援であった。

記者会見の冒頭、笹川はこう切り出した。

「日本財団に寄せられている要望で圧倒的に多いのは医療従事者への支援です。誰が考えても、いま現在、彼らの心身の疲労が積み重なっていることが明らかであるからです」

笹川は二つの支援策を挙げ、説明を始めた。いずれもタクシーがかかわったプロジェクトである。

「コロナ感染者が入院している医療施設が東京都内には二百程度あると見られます。私たちが考えた支援策の一つは、そこで働く医療従事者の出勤・帰宅に、タクシーを利用していただくことです」

身体的、精神的な疲労を少しでも軽減してもらうためだ。

具体的には、病院一施設あたり百枚（一枚の上限料金を一万円として、最大百万円分）のタクシーチケットを提供するとした。日本交通（日交）、国際（ｋｍ）、大和、帝都と四社のタクシーが利用できるチケットである。当初計画によれば、期間は２０２０年6月2日～8月31日。二百の医療施設を想定し、最大で計二億円の支援を見込んだ。

タクシーチケットの提供は「トップダウンで決まったのではない」と笹川は言う。常務理事ら幹部だけでなく若い職員を含めて支援策について議論した中でアイデアが浮かび上がり、事業化したそうだ。

笹川は記者会見で、日本財団が4月7日に開始した「新型コロナウイルス緊急支援募金」がこの日（２０２０年5月20日）現在で一万六千二百五十四件、総額八億五千九百万円に達し、さらに増え続けていることを明らかにした。そして、こう強調している。

「募金の急増は、新型コロナウイルス禍との闘いで、何かの役に立ちたいと願う人たちの気持ちの表れなのです」

この緊急支援募金とは別に、人気グループＳＭＡＰのメンバーだった稲垣吾郎、草彅剛、香取慎吾の三人が4月27日、ファンと日本財団に協力を呼びかけて「愛のポケット基金」を設立したことはすでに述べた。これにより、緊急支援募金と並行して、「一つのポケットに仲間の愛を入れていく」との思いを込めた基金への寄付が続くことになる。

いずれにせよ、最初の支援対象は医療従事者だった。浄財を活用したタクシーチケットを受け取り、実際に利用することによって、最前線の医療従事者たちは「国民の声援」を実感できるのではないかと日本財団は考えた。エールが聞こえるようなタクシーチケットにしたかったのだ。

■日本的な矜持

コロナ感染患者が入院している医療施設が東京都内には約二百あるとし、一施設当たり最大で百万円分のタクシーチケットが使われるとすれば、費用は計二億円になる。日本財団はそのうちの一億五千万円を緊急支援募金から、残り五千万円は愛のポケット基金から捻出すると決めていた。

ところが、日本財団が実際にコロナ感染者が入院している東京都内の病院にタクシーチケットの利用を呼びかけたところ、反応は思いがけないものだった。

タクシーチケットを利用したいとする病院など医療機関の申請を受け付けたのは2020年5月25日から約一カ月間だった。ところが、そもそもタクシーチケット提供プロジェクトのPRが不足していたせいか、申請してくる病院が思いのほか少なく、三十七施設にとどまったのだ。

各病院が使用したタクシー料金も少なかった。日本財団は申請があった病院などの施設ごとにタクシーチケット百枚を送付し、一枚当たりの利用額を最大一万円と想定していた。ところが、百枚を使い切っても使用額の合計が百万円未満になる医療施設が少なくなく、その差額（残額）相当分のチケットを再送付するケースもあったそうだ。

日本財団は当初、チケットの利用可能期間を2020年6月2日から8月31日としたのだが、あまりに利用額が少ないので、利用可能期間を同年12月末まで延長、そして2021年3月末まで再延長し、さらに再々延長して2022年3月末までとした。

災害対策事業部のチームリーダー、樋口裕司《ひぐちやすし》（1983年生まれ）は「タクシーチケット提供プロジェクトが始まってから（2020年）11月15日までの五カ月間でタクシー会社側に支払った料金の総額は千百十二万円でしたが、それから五カ月後の2021年4月

15日の時点でも四百五十万円ほどしか増えていませんでした」と明かす。

タクシーチケットの利用状況を要約すると、百万円以上の病院は四例あったが、それらを含め五十万円以上の病院は計十六例しかなかった。一方で、チケットの提供は受けたが、一枚も使ったことがない病院が八例もあった。

ともあれ、感染リスクを背負い、疲労や睡眠不足に耐えながら働き続ける医師、看護師ら医療従事者にとって、通勤の際のタクシー利用が肉体的・精神的疲労の大幅な軽減につながるのは間違いない。そうであるなら、なぜ、もっと多くの病院が日本財団に対し、タクシーチケットの申請をしないのか。

公共交通機関で四、五十分かかる距離をタクシー通勤するとなれば、一万円近い料金となる。そんな特別待遇を受けるわけにはいかないという日本人特有の慎みなのだろうか。一回の使用料金に示された「一万円が上限」との目安が影響したのかもしれない。

樋口によれば、タクシーチケットの提供を受けた東京都内の病院に勤める医療従事者は、次のようなコメントを日本財団に寄せた。

「夜遅くまで働いている医師や看護師が多い中で、タクシーチケットの提供は、病院全体を勇気づけるものでした。食糧や飲料水の支援もありがたいものですが、夜遅く帰途につく者には、タクシーを使っていいということで、助かったという気持ちになります。本当にありがとうございました」

このタクシーチケットの支援に関する限り、医療従事者は遠慮する必要はまったくないと筆者は思う。医師や看護師らの安全と疲労の軽減は、本人のためだけでなく、ウイルス感染防止に直結するからだ。

コロナ対策第二弾の記者会見で、笹川が付け加えたさりげない説明は日本財団が基本とする方針を象徴している。

「タクシーチケットの使い勝手は病院側にお任せします」

チケットをどのように保管し、誰が、どのように利用するか——など細々とした運用ルールは各医療施設の裁量に任せるというのだ。

コロナウイルス禍は災害であると位置づけ、「これまでの数々の災害支援と同様に支援を行う」と力説する笹川の説明を聞いていると、2011年の東日本大震災で日本財団が展開した数々の被災地支援プロジェクトを思い出す。中でも印象深かった支援は、死亡者・行方不明者一人につき五万円の弔慰金・見舞金を家族に手渡したことであった。

当時、笹川は繰り返し言っていた。預金通帳もクレジットカードもすべてを失った被災者には「明日の十万円より今日の五万円」が必要だ。目の前の現実を見据えた支援が求められているのだと。警察庁発表の死亡者・行方不明者の91・5％にあたる一万七千三百二十九人の家族に手渡しされた弔慰金は総額八億六千六百四十五万円にのぼっている。

タクシーチケットの提供も、東日本大震災の際の弔慰金・見舞金と発想の根っこは同じだ。事実、タクシーチケットの提供プロジェクトが実行される前には、「コロナに感染した医療従事者に見舞金を給付する」というアイデアも出ていたと筆者は聞いた。

チケット提供は医療従事者の精神的疲労を軽減する意味で、極めて現実的な支援である。それにもまして特徴的なのは、提供先の施設側に使い方を一任していることだ。

笹川は記者会見で、誇りを込めて日本人の美質を語っている。

「東日本大震災の弔慰金・見舞金の手渡しは、津波の被害によって、大半の人が運転免許証や健康保険証など本人証明の書類を持たない状況で行われましたが、二重の受け取りなどは一件もなかった。われわれはそういう日本人なのです」

タクシーチケットの使い方で問題が起きるはずがない、というのである。

■感染防止タクシー

日本財団が発表した新型コロナウイルス禍対策プロジェクト第二弾の二つ目は、感染防止装置が備わった患者（軽症の感染者）移送タクシーの配備である。

きっかけは、2020年4月の初めごろ、新型コロナウイルス禍の拡大によって、「民間救急車」が不足しているとの情報からだった。

「民間救急車」とは、消防署で待機する救急車ではなく、緊急性がない場合に使われる民間の患者搬送車をいう。むろん、救急走行はできないし、また医師法や医療法にふれるため、医療行為もできない。しかし、寝たきりや医療継続（点滴や酸素吸入）が必要な患者を搬送するのは可能で、一定の需要がある。この「民間救急車」がコロナ感染患者の搬送に頻繁に使われているらしいのだ。

日本財団がさらに調査を進めたところ、浮かび上がってきたのは、民間救急車の不足もさることながら、コロナ感染の恐れから、タクシー運転手が病院に乗り入れるのを嫌がっているという、気がかりな実態だった。そして、政府による第一回目の緊急事態宣言の発令（2020年4月7日）以降はタクシーの利用者が激減し、タクシー会社の売り上げも

日本交通と日本財団が連携して開発した感染防止タクシー。後部座席と前方助手席部分に空気清浄機がとりつけられている

減少していたという。

であるなら、ウイルスに強いタクシーをつくればいい。そうすれば、感染者は気兼ねなくタクシーに乗り込むことができ、タクシー運転手も安心して病院に乗り入れることができる。タクシーの稼働率は上昇するから、コロナ禍で売り上げの落ち込みに悩んでいたタクシー会社も歓迎する……。

まさに〝一石三鳥〟の効果が期待できるのではないか。それはまた、「コロナとの闘いで役に立ちたい」と日本財団の募金に応じた寄付者の要望にも応えることにもなる。以上の経緯で、タクシーチケットの提供プロジェクトと並ぶ「感染防止タクシー」の配備事業がスタートした。

日本財団の説明によれば、感染防止タクシーのプロジェクトは日本交通（本社・東京都千代田区）との連携で立ち上げられた。車両はセダンタイプではなく、最近になって急速に増えた車高の高い箱型タイプである。運転席と助手席のある車両前方と後部座席がある車両後方の間を透明の仕切り板によって遮蔽し、前方を陽圧、後方を陰圧とすることで、後方の空気が前方に循環しないようにコントロールする仕組みだ。

また、後部座席と前方の助手席部分に高効率の空気清浄機を取り付けた。微粒子を99％以上回収できるフィルターによって車内の空気を浄化するという。運転者は患者の乗降時も車両を降りず、患者とは一切接触しないことになっている。

主に東京都内を対象地域とする感染防止タクシーの運用は、感染者を受け入れる病院が専用のコールセンターに電話し、配車を依頼するシステム。料金は日本財団が負担する。

２０２０年5月20日の日本財団の発表では、6月初めには十台が運行を始め、最大百台の体制で翌２０２１年3月末まで続けるとされた。しかし、実際には２０２０年7月7日、五台でスタートした。

これについて、日本財団常務理事の吉倉和宏は、次のように説明していた。

「計画を発表した２０２０年5月20日は、今では信じられないようなことですが、東京都の新たな感染者はわずか五人。六日連続で二十人を下回るなど、少なくなっていた時期で、五日後の5月25日には（第一回目の）緊急事態宣言も全面的に解除されました。それで、あわてて多くの車両を配備する必要はないと判断したわけです」

しかし、6月に入ると感染者は再び増え始め、7月に入るとほぼ連日三桁となる高い水準になった。23日には当時では過去最多の三百六十六人に達している。予断を許さない状況が続いた。

新型コロナウイルスという、動きが予測できない「見えない敵」を相手に、日本財団はプロジェクトを進めなければならない。であるから、事業費は常に最大値を念頭に置く。感染防止タクシーの場合、車両の改造には一台当たり三十万円かかるといい、百台で三千万円。コールセンターの設置・運営にも三千万円が必要だ。

これだけではない。感染防止タクシーは患者専用の車両にしなければならないから、日常のタクシー業務に使うことはできない。つまり、２０２1年3月末までの最長十カ月間、日本財団が借り上げる形になり、稼働の有無にかかわらず日本交通に対して一カ月当たり八十万円のチャーター代を支払う。百台なら十カ月で八億円だ。

したがって、日本財団のコロナ禍対策プロジェクトのうちタクシー関連二件の事業費は、規模が最大になったとしてざっと二億円（タクシーチケット）プラス八億六千万円（感染防止タクシー）の総額十億六千万円。これは東日本大震災の際に被災者に給付した弔慰金・見舞金の総額八億六千六百四十五万円を上回る。小さな金額ではない。

以上の第二弾支援策について、笹川陽平は次のように説明している。

「われわれ日本財団の職員は、政府・自治体が手を伸ばしていない行政の隙間の分野に何か見落とされた重要な課題がないかと、常にウォッチしています。行政がやるとすれば、予算の手立てや手続きなどの複雑な要因から、どうしてもスピードが落ちてしまいがちな分野に着目しているのです」

奮闘する医療従事者に配るタクシーチケットと感染防止タクシーの配備は、その一例であった。日本財団は、この二つのプロジェクトの運用期間をいずれも2022年3月末まで延長している。

運行台数が2021年5月現在、十四台にのぼった感染防止タクシーについてのエピソードを一つ紹介したい。災害対策事業部の樋口は、感染防止タクシーを利用した医療従事者から問い合わせを受けたことがある。

「子どもの感染者を病院から他の病院に移送するような時には、看護師が付き添うことがあります。そうした場合、看護師が移送先から帰ってくる時にも、タクシーを使えますか」

タクシーを待たせておくことに遠慮があっての問い合わせだった。看護師らの感染者への丁寧な対応が目に浮かんだ樋口はすぐに返答した。

「もちろん、帰りにもタクシーを使ってください」

■障害者たちの奮闘

われわれ日本人の大半は、日本の医療水準の高さに全幅の信頼を置いている。だから、どの病院にも医薬品はもちろん、医療関係の資機材が十分に備わっていると思い込んでいた。

ところが、今回の新型コロナウイルス禍では、愕然とさせられる出来事が次から次に起きた。

まず、感染を防ぐための最低限の自衛必需品であるマスクがどこにも売っていないという現象には唖然とさせられた。医療現場では、医師や看護師が身につけなければならない感染防護服などの医療物資さえ不足していた。中でも深刻だったのは、院内感染を防ぐためにに欠かせないフェイスシールドが多くの医療施設で底をつき始めたことだった。

日本財団公益事業部のシニアオフィサーを務める竹村利道（1964年生まれ）は、旧知の病院関係者の悲痛な声に驚いた。

「とにかく、フェイスシールドをなんとかしてくださいと訴えられたのです。これは大変な事態だと思いました」

フェイスシールドは医療従事者がマスクと合わせて着用し、診察などの際に顔に飛沫がかからないようにする重要な防護具だが、病院関係者によると、2020年4月に最初の緊急事態宣言が発令された時にはストックも少なく、流通量の減少によって価格が高騰し、手に入れることが難しかった。「消毒しながら使い回す状態だった」という。

フェイスシールドが枯渇しているという病院からのSOS発信に、竹村は敏感に反応した。供給不足という問題を解決するための行動を開始したのである。

このシリーズ本の第六巻「社会を変える挑戦」で紹介しているが、竹村は長年、障害者の就労支援プロジェクトに取り組んできた。中でも雇用契約がなく最低賃金も決められていない福祉事業所（B型事業所）で働く障害者の工賃を引き上げる手立てを日々思案し、奔走している。

コロナ禍によって日本の経済活動は減速している最中だが、フェイスシールドの需要は急上昇した。それを見逃す手はないと竹村はメーカーを説得したのである。

フェイスシールドは複雑な構造ではないし、その製造に特別な材料や工作技術を必要とはしない。メーカーと連携すれば障害者がこれまでに培ってきた技量で十分組み立てることができるはずだ。障害者が働く福祉事業所に日本財団が発注して工賃を支払い、医療機関には完成したフェイスシールドを無償で提供する支援事業にすればいい。竹村はそう考えた。

日本財団のコロナ禍対策プロジェクトが走り出していた2020年5月、竹村はまず、川崎市の福祉事業所に発注して四千五百個の試作品をつくり、医療現場の医師らの意見を聞きながら、設計や仕様、製造方法の改良を続けた。6月には全国百余りの福祉事業所で本格生産に取り掛かり、一都五県の二十一の医療施設に計三万六千五百個を供給した。8月には生産できる福祉事業所が約二百と倍増し、一都一道二府十四県の三百七十七医療施設に計十六万三千二百個のフェイスシールドを供給した。以上の支援金額は約四千万円である。

枯渇していたフェイスシールドが届いたことによって、ウイルスに立ち向かう医療従事者たちの士気が高まったのは確かだ。同時に、汗を流した障害者たちの工賃も五倍になった。やる気も五倍である。

竹村によれば、フェイスシールドを三分で組み立てる技量をもつ障害者の職人が、今や全国の福祉事業所で計千人もいて、コンビニやコーヒーチェーンから、発注したいとの打診があるという。価格的にも中国製のフェイスシールドよりはるかに安く、市場での競争力もある。「医療従事者を支えるために始めた事業が大きなビジネスをもたらした」と竹村は言う。

■ホームホスピスからの声

コロナ禍によって、最も生命の危機にさらされたのは、がんや糖尿病などの重い病気を抱える高齢者であった。

そんな高齢者をケアする介護・看護師たちへの支援を喫緊の課題とする日本財団を励ます申し出があった。医療・福祉や人道支援など幅広い分野で活動するメットライフ財団

（本部・ニューヨーク、1976年設立）からの贈り物である（注＝母体であるメットライフ生命は1973年に営業を開始した日本初の外資系生命保険会社）。

「全国五百五十のホームホスピスと訪問看護ステーションに感染予防物資を提供したい。日本財団に一億円を寄付します」

2020年5月のことだ。

ホスピスとは、末期がん患者など死期の近い病人に対し、延命措置を行わず、身体的苦痛を和らげて生を全うできるような医療を行う施設を指す。その中でも「ホームホスピス」は、自宅に限りなく近い環境で、最後の瞬間まで安心して過ごせる場所といえよう。訪問看護ステーションは、「ホームホスピス」での在宅ケアを実践する看護師や保健師、介護師らが所属し、待機する事業所である。

メットライフ財団によれば、新型コロナウイルスの感染拡大を受けて、世界中で感染予防物資の支援を続けているが、日本ではNPO法人などが運営するホームホスピスや訪問看護ステーションに支援が行き届きにくいという。そこで、支援の方法などで日本財団の協力を得ることになり、5月29日に両者が合意した。

日本財団は一億円の支援金を活用し、メットライフの活動地域の事業所の利用者や職員、看護師、介護師ら約六千八百人を対象に感染予防に必要な環境の整備を図る。具体的には感染から身を守るためのマスクや防護服、消毒液などを提供し、人員の補充についても検討する。

日本財団会長の笹川陽平はこの合意について「メットライフ財団が唱える『人々の老後を豊かに』という基本的な考えは、日本財団が長く展開している事業の理念とまさに合致しています。全国の高齢者を支えるためにコロナと闘っている医療従事者の皆さんを応援するため、この寄付を使わせていただきます」と語った。

コロナ禍対策で、日本財団は以前より一層きめ細かな支援事業に乗り出した。メットライフ財団の寄付を活用したプロジェクトは日本財団によって引き出された民間協力事業であり、官だけに依存しないソーシャル・チェンジ（社会刷新）の一例でもある。

■恥ずかしい差別

日本財団がコロナ禍対策のプロジェクト第二弾を発表した記者会見（2020年5月20日）の一問一答で、笹川陽平とNHK記者との間で、次のようなやりとりがあった。

——今回は医療現場への支援です。日本財団の会長として、医療関係者への思いを、改めて語っていただけませんか

この問いかけに、笹川は「これほど大きな規模の感染症の流行は近来まれなことです。そのただ中にあって、医療関係者に対しては『よく頑張ってくれている』といった感謝の気持ちがＳＮＳなどを通じて発信されているのが本当にうれしい」と応じた。

ところが、それに続く発言には、憤懣やる方のない思いが込められていた。

「しかし、今回のコロナ禍では同時に、医療従事者とその家族に対する差別が表面化しました。それは、私には大きな驚きでした。これだけ多くの人々が医療従事者に対して何か支援がしたいと浄財を寄せてくれているのに、その一方では、たぶん少数の人だとは思いますが、コロナ感染症と闘っている医師や看護師さん、あるいは、すでに感染症が治った人の家族に対してさえ差別が横行している。大変恥ずかしい。人の命を救うために働いている人を差別するのは、言語道断です」

笹川が四十年以上にわたってハンセン病制圧運動を続けていることはよく知られる。笹川はＷＨＯ（世界保健機関）のハンセン病制圧大使として世界中を飛び回り、世界最古の感染症であるハンセン病が今や完治する病気となっているにもかかわらず、ハンセン病の

患者・回復者とその家族に対する差別と偏見が続いている現状を訴え、差別の撤廃を呼びかけてきた。

２０１３年6月のことだったが、ローマ法王フランシスコの失言を笹川が強く戒めたことがある。

法王がカトリック聖職者や教皇庁スタッフの育成機関である「教皇庁聖職者アカデミー」で行った演説の中に、次のような表現があった。

「出世主義はハンセン病」

法王の発言は聖職者らの過度の出世主義を批判する狙いがあったとみられるが、結果としてハンセン病が悪いものの象徴として使われ、ハンセン病に深くしみついた差別的な固定観念を強めてしまうものだった。笹川は看過せず、法王宛てに断固として「遺憾の意」を伝える書簡を送った。

笹川は、新型コロナウイルス感染症と闘う医療従事者とその家族、あるいは感染症がすでに治った人や家族への差別が今なお行われている現状を、記者会見の場で改めてアピールしたかったのだ。

笹川が強い憤りを覚える新型コロナウイルス関連の差別事象は数多く報告されている。

例えば、毎日新聞の電子版（２０２０年６月19日）によると、同紙が４月下旬に全国の特定・第一種感染症指定医療機関（新感染症の所見がある者などの入院を担当する医療機関として厚生労働大臣が指定した病院）に対して行ったアンケート調査では、回答した二十五機関のうち、十機関が嫌がらせや偏見を受けたとしている。

また、日本看護協会（東京都渋谷区）が４月６日から、新型コロナウイルスに関する相談窓口を開設したところ、６月29日までに七百二件の相談が寄せられた。

事例を紹介する。

- 夫が勤務先から休むように言われた。
- 子どもが学校でいじめに遭った。
- 子どもが保育園の登園自粛を求められた。
- 仕事を終えた後、タクシーの乗車を拒否された。
- なじみの定食屋から来店しないでほしいと言われた。

人権に関する総合的な教育事業や普及啓発事業などを行い、日本財団とも交流がある公益財団法人「人権教育啓発推進センター」（東京都港区）は、ウイルス感染者やその家族だけでなく、最前線でウイルス禍と闘う医療従事者や物流を支える運送業者とその家族らに対する差別やいじめは無視できないとし、2020年5月17日から「STOP!コロナ差別」キャンペーンを始めた。

当時、同センターの専務理事だった田南立也はかつて日本財団の常務理事（現在特別顧問）として、笹川を助けてハンセン病の制圧活動と差別・偏見をなくす取り組みを続けてきた。

田南が明かす新型コロナウイルスにからむ差別の事例は、一層露骨なものだった。

「看護師さんの夫が職場で『奥さんがやめないのなら、あんたが会社をやめてほしい』と言われたと聞いた」

「感染者の中には自宅に石を投げ込まれた人もいる」

「宅配業者が配達先で『コロナを運ぶな』と罵られ、除菌スプレーをかけられた」

いずれもひどい人権侵害である。これが、大震災の被災地では互いに助け合い、支援物資の受け取りに整然と列をつくって並んだ、あの日本人と同じ国民なのだろうかと思う。

田南はこう話した。

「これは非常に重大な人権問題です。私がかかわってきたハンセン病の問題では、誤った理解のもとに社会が患者、回復者とその家族をのけ者にし、法律によって強制的に隔離するなどの差別が日本では（１９９６年にらい予防法が廃止されるまで）九十年以上も行われてきました。いま起きているコロナ差別にも共通点があるように思います」

新型コロナウイルスという「見えない敵」は、差別の種をも撒き散らす。

人類は大きな試練の中にいる。

（2）子どもを支える

■「こども食堂」

解散した人気グループSMAPのメンバーだった稲垣吾郎、草彅剛、香取慎吾三人の活動名義である「新しい地図」は芸能界にあって、コロナ禍対策の支援では群を抜く実績を積み重ねている。

この三人が日本財団と連携し、みんなの力を一つにしようとの思いを込め、「愛のポケット基金」を設立（2020年4月27日）したことは何度かふれた。三人はまず、感染現場の最前線にいる医師や看護師、ボランティアやその子どもたちの支援に取り組むことを決めた。そして自ら基金に三千万円を寄付し、そのうえでファンに協力を呼びかけた。すると、三カ月で寄付金は三億円に達した……。

医療従事者たちへの支援を重要視する三人の意向を受け、日本財団は医療従事者の通勤・帰宅の際に利用してもらおうとタクシーのチケットを提供するプロジェクトを実行したが、三人は、タクシーチケットに加え、「子どもの福祉」の視点に立った基金の活用を希望した。恵まれない家庭環境にある子どもたちが、コロナ禍によってどのような影響を受けているのか、心配でならなかったようである。それは日本財団が共有する思いでもあった。

コロナ禍の拡大が顕著になってきた2020年4月初め、日本財団の内部ではコロナ禍対策のプロジェクトを検討する会議が頻繁に行われたが、「子どもへの支援」が議題になることが少なくなかった。むろん、医療従事者の子どもだけでなく、子ども全般を対象にした支援である。とくにひとり親世帯の子どもに目を向けた提案が多かった。

経営企画広報部の子どもサポートチームのリーダーを務める本山勝寛（1981年生まれ）は、いくつかの提案をした。

どれもが必要と思われる支援の提案だったが、本山が最優先すべきだと考えたのは「ひとり親世帯の親が感染した場合に、感染していない子どもを世話する事業」である。「親が食事をつくることができず、しかも、臨時休校で給食もなくなった環境に置かれた子どもはどうやって食事を摂るか」という問題に応えるプロジェクトだった。人間にとって、「食」ほど重要な問題はないからだ。

日本財団は2016年から「子どもの貧困」問題に取り組んでいる。2018年6月からその担当者（チームリーダー）となった本山が注目し、交流を続けているＮＰＯ法人があった。

「全国こども食堂支援センター・むすびえ」（以下、「むすびえ」と呼ぶ）である。

本山によれば、「こども食堂」とは、子どもが無料、または非常に安い料金で食事ができる場所を提供する活動を指す。２０１８年の時点で、北海道から沖縄まで全国に二千二百八十六の拠点があった。その形態はというと、街でよく見かける食堂のような店舗は構えていない。ふつうの民家、あるいは公民館などの公共施設を利用しているところもある。企業や団体、個人の支援を受け、ボランティア的な活動で運営されているのだ。「むすびえ」は全国の「こども食堂」の一部を取りまとめているネットワーク団体といえよう。「むすびえ」の調査によれば、「こども食堂」は増え続け、２０２０年末には少なくとも全国で五千八十六カ所を数えた。コロナ禍にあっても増え続けた意義は大きい。

日本財団はコロナ禍が広がる前は「むすびえ」に助成したことはなかったが、協働してセミナーを開催するなど交流を続けていた。本山がコロナ禍が広がる中での子どもの支援策を考えた時、真っ先に「むすびえ」の活動を思い浮かべたのは、その熱心さと実績をよく知っていたからだ。

日本財団の仲介によって、「愛のポケット基金」が「こども食堂」に活用されることになった。２０２０年4月27日の基金創設の発表の際に明らかにされた「緊急食支援」は、新型コロナウイルスの影響によって学校が臨時休校になるなどで、給食のような栄養バランスのとれた食事を摂る機会がなくなった生活困難家庭の児童らに対し、「むすびえ」に参加する全国各地域のこども食堂運営団体が食事や弁当を提供する内容。運営団体が提出した計画の内容や実施能力が審査され、六十七拠点が選ばれた。対象となった子どもはのべ五万三千四百人。支援は9月30日まで続いた。「愛のポケット基金」の助成額は四千百二十五万円である。

本山は語る。

「むすびえはＮＰＯとして力をつけてきたように思います。日本財団の助成金以外にも寄付を募るなど着実に資金集めをしている。日本財団の支援を基盤に、『新しい地図』の三人が呼びかけた『愛のポケット基金』の活動が広く社会に浸透していくことを願っています」

■第三の居場所

本山の経歴は極めて個性的である。「僕自身が育った家庭も生活は楽ではなかった」と本人が語る。

本山は中学の時にアルバイトを始めた。高校時代は「親が不在でした」と言う。奨学金を活用して進学し、東京大学工学部のシステム創成学科で「テクノロジーを使ってイノベーション（刷新）を引き起こすシステムづくりを研究した」そうだ。卒業後、米国に留学し、ハーバード大学の教育大学院で修士課程（国際教育政策）を修了した。

「教育を通した国際貢献というか、日本はどのようにすれば世界に貢献できるか。そればかりを考えていました」

本山が米国にいてつくづく感じたのは、政府系でもなく、民間の企業でもない、非営利のＮＰＯが非常に力を持っていて、社会の変革を担っていることだった。そんな仕事がしたいとの志を抱き、本山は日本財団に入った。２００７年７月であった。

広報部や国際事業部でのハンセン病制圧プロジェクトの担当などを経て、本山が「子どもの貧困」対策の担当になったのは２０１８年６月。日本財団が自治体やＮＰＯ、大学などの協力を得て、全国各地に生活困難家庭の子どものための「子ども第三の居場所」の提供を開始して一年半余りが経過した時期だった。

日本財団によれば、「子ども第三の居場所」とは、家でもない、学校でもない、子どもがひとりでも立ち寄れ、安心して利用できる空間を指す。そこではスタッフによる食事の提供や学習の支援が行われる。本や漫画だけでなく、ボードゲームといった遊具が用意されており、その地域の多世代が交流する場でもある。したがって、子どもの孤食はなくなり、孤立も回避できる。子どもが自分らしく過ごすことができる環境づくりを目指す取り組みなのである。

「子ども第三の居場所」の背景にある「子どもの貧困」について、本山は数字を挙げながら説明を始めた。貧困とは、お金が足りないことだけを意味するわけではないという。

「今の日本社会で、子どもの貧困はかなり大きな問題です。子どもの七人に一人が相対的貧困の家庭にいるといわれています」

専門的には、毎日の衣食住に事欠く状態のことを「絶対的貧困」と呼ぶが、経済的な困窮に加えて、経験や体験の機会が乏しいことを「相対的貧困」と呼ぶという。経験・体験には家族で食卓を囲んでの団欒や家族そろっての買い物、夏休みの旅行、あるいは進学のための塾通いが含まれる。

「子どもの時にそういう経験がなく、勉強や人間関係づくりが十分にできなかったまま大人になると、正規の職につけなかったり、健全な対人関係が築けなかったりし、同じような家庭を生み出してしまうことが多い」

少し古いデータになるが、日本財団が三菱ＵＦＪリサーチ＆コンサルティングと共同で行った調査（２０１５年）によると、子どもの相対的貧困率は１９８５年には10・９％だったのが、２０１５年には13・９％に上昇している。

こうした子どもの貧困を放置した場合の社会的損失を〇〜十五歳の子ども全員を対象に推計すれば、所得の減少額は四十二兆九千億円、財政収入の減少額は十五兆九千億円に達するという。貧困状態にある子どもの教育機会が失われ、大人になってから生み出す所得が減り、日本経済が縮小してしまうからだ。社会保障費はどんどん増えるのに、支える人数が減っていく。子どもの貧困による負の連鎖は、国や企業、社会全体で解決に取り組まないと断ち切ることはできない。

本山はさらに重大な指摘をしている。新型コロナウイルス禍によって、子どもの貧困問題がさらに深刻化するというのだ。

「これまでは標準的な所得だった家庭が、コロナ禍で働き手が職を失ったり、減収になったりで、貧困家庭になっていくケースが増えると思います。子どもの貧困問題は他人事ではなくなった」

新型コロナウイルスの感染拡大によって学校の休校措置が浮上し始めた3月初めごろから、本山は日本財団のプロジェクトである「子ども第三の居場所」としてはどう対応するか、検討を始めた。

前述の、日本財団と「愛のポケット基金」の連携による全国の「こども食堂」への緊急食支援の場合、弁当の配布や宅食といった支援だったため即座に実行できたが、「子ども第三の居場所」の場合は支援対象が文字通り建物であるため、万全の感染防止対策が求められた。運営の継続にはさまざまな困難が伴った。

しかし、全国各地の「子ども第三の居場所」は、子どもを取り巻く様々な困難と闘うための重要な砦、あるいは、ほっと息をつぐオアシスなのである。

本山は「コロナ禍によって、その重要性は一層高まった」と強調している。

■オアシス

日本財団が提供する「子ども第三の居場所」プロジェクトは2016年11月、埼玉県戸田市の第一号拠点の開設を皮切りに始まった。拠点施設には活動コーナーやオープンスペース、キッチンなどがあり、本や遊具を備えたところも少なくない。各拠点は研修を受けたスタッフを配置し（子ども五人に一人程度）、子どもたちが安心して過ごすことができ、手作りのごはんを食べるという、最も大切な生活の基本環境を整えている。子どもたちが身につけるべき生活習慣（歯磨きなど）を指導し、宿題や自習もスタッフが支援する。原則として、おやつと夕食が提供される。

利用の対象は小学生（主として低学年）。料金は応能負担制で、生活困難世帯の場合、負担はゼロである。

利用できるのは平日の小学校下校時（午後二時）から午後九時まで。休日や長期休暇中は午前八時半から午後六時まで……。

以上のように説明していくと、「子ども第三の居場所」が自治体の協力なしには成立しにくいことがわかる。だから、運営にあたるのは自治体、または委託を受けたＮＰＯなどの団体だ。日本財団が運営団体に対して、開設費（約四千万円）と初年度から三年間の運営費（年間一千万円〜二千五百万円）を助成し、その後自治体が事業を引き継ぐといった仕組みである。

この「子ども第三の居場所」は2020年2月にはすでに三十拠点ほどが開設されていた。当時の日本財団としては北海道から沖縄まで、全国百拠点の開設を目標に掲げていた。

ところが、「子ども第三の居場所」の存立の前提となる平穏な日常が新型コロナウイルス禍によって大きく揺らいだ。政府が東京、大阪など七都府県に緊急事態宣言を発令したのは4月7日だったが、すでにその前に休校措置を打ち出す学校が相次ぎ、動揺が「子ども第三の居場所」にも波及していた。

本山によれば、感染者が少ない地方の「子ども第三の居場所」の拠点は子どもが継続して利用できるよう運営してもらったが、感染者が多い首都圏の拠点の場合は利用自粛を呼びかけたり、一時閉所に踏み切らざるを得なくなった拠点もあった。

前出の埼玉県戸田市の第一号拠点の場合、一部の家庭が利用を自粛したものの、拠点としての運営は継続された。3月下旬の一斉休校時から春休みまでの長い期間、午前9時から午後5時までの預かりを実施し、子どもたちとは夕食ではなく昼食を共にするシフトに変更したという。

急に決まった学校の休校措置で、どうしても仕事を休めない多くのひとり親が午前中からの子どもの預かりを希望したため、「子ども第三の居場所」の拠点を運営するNPOはスタッフのやりくりに苦労した。拠点内だけでは対応しきれず、他の事業所などから代替のスタッフを派遣してもらい、増員してしのいだそうだ。

「子ども第三の居場所」では徹底した感染予防措置がとられたのは言うまでもない。スタッフは毎日出勤前に検温し、マスクの常時着用は言うまでもなく、小まめな手洗いとうがいの励行が義務付けられた。施設は二時間に一度換気が行われ、手すりなど皆がふれる場所の消毒も頻繁に行われた。

しかし、ウイルス感染で学校が休校になっているような非常事態宣言下にあって、日本財団の「子ども第三の居場所」が平常時と同じように子どもの支援活動を続けることが果たして妥当かどうか。日本財団としての基本的な考え方を本山に尋ねた。

「第三の居場所を利用する子どもやスタッフに感染者が出た場合、もちろん一定期間は一時閉所の対応となります」

常識的なコメントの一方で、本山は「子ども第三の居場所」のありようについて、少し踏み込んだ考えを述べた。

「子どものことを考えれば、（感染防止措置をとったうえで）拠点は閉めない方がいいのに決まっている。その理由はいくつもある。忘れてはならないのは、学校に行くにせよ、休校で学校には行けないにせよ、家庭ではいつも独りぼっちで、夜遅くまできちんとした食事さえ摂れないような子どもが第三の居場所にやってくる、ということなのです」

本山は、こうも言った。

「複雑な問題を抱える家庭の子どもが少なくない。きちんとごはんを食べているのかという心配のほかに、親による虐待のリスクが気がかりなケースもあります」

新型コロナウイルスの感染が拡大している、この非常事態にこそ、〝第三の居場所〟という名の子どものオアシスが必要ではないか。

「子どもたちに対するきめ細かな支援をしっかりやっていこうと気を引き締めました」と本山は語るのだった。

ここで、少し先の話を挿入しておく。

日本財団は2021年3月15日、「子ども第三の居場所」の取り組みを拡大する計画を明らかにした。約五百億円を拠出し、全国に五百拠点を設置する。4月1日から、新たに「子ども第三の居場所」を運営する団体を公募することにした。

この背景について日本財団は、コロナ禍において家庭の格差が拡大し、小中高校生の自殺が2020年には前年比41・3％増で過去最多の四百七十九件（文部科学省調べ）となったとする数字を挙げ、手を差し伸べる必要がある子どもが急増している深刻な状況を指摘している。

「子ども第三の居場所」の新たな運営団体は公募を始めた4月1日の時点で、開設済み（開設準備中を含む）は四十一拠点あった。本山によれば、その後、申請が相次ぎ、7月ごろには六十拠点近くが採択され、「子ども第三の居場所」の総数は百拠点近くに達する見込みとなった。

コロナ禍にあって、日本財団が黙々と続けている重要なプロジェクトである。

■タブレット支援

日本財団がコロナ禍と対峙する苦境下にあった2020年4月下旬、本山ら対策プロジェクトの担当者たちを元気づける寄付の申し出があった。スマートフォン向け短編動画の投稿アプリで知られるＴｉｋＴｏｋが日本財団の「新型コロナウイルス緊急支援募金」に三千万円を寄付し、使い道について次のような意向を表明したのである。

「医療従事者への支援だけでなく、第三の居場所を必要としている子どもたちのために役立ててほしい」

本山ら日本財団の担当者が思いついたのは、タブレットだった。スマホにも、パソコンにも似ていて、比較的使いやすい。寄付金を活用し、この通信機器をできるだけ多く取り揃え、「子ども第三の居場所」に通う子どもに貸与するのだ。Wi-Fiなどのインターネット環境がない家庭の子どもが少なくないため、ネット接続できる機器とセットになったレンタルのタブレットとなった。支援にはむろん、通信料も含まれる。

子ども一人に一台。専用のタブレットである。タブレット支援を希望した二十二拠点、三百二十人の子どもが支援の対象になった。どのように活用されるのか。

一時閉所になった「子ども第三の居場所」があったとする。利用者の子どもは拠点には来られないが、タブレットを使ったテレビ会議によって、拠点にいるスタッフと互いの顔を見ながら会話ができる。スタッフにすれば、声だけでなく、画面に映る顔の表情によって、子どもに困っていることや心配事がないかを察知できる。まず、これが大きい。

本山は、タブレットにインストールされた学習ソフトの効果に期待している。

「従来の学習方法なら、算数でも国語でも、子どもたちにプリントを配るやり方でした。それは、子どもたちが拠点の居場所にいないとできません。それが、タブレットを使うと、子どもが自宅にいても、どのくらいの分量をこなして、どのくらいできているのかをすぐに確認できるようになった」

タブレットを活用したリモート指導が始まったというわけだ。

本山の話だと、支援が決定してすぐにタブレットを発注したが、三百二十台分がすぐには調達できず、二十二拠点のすべての子どもたちにタブレットが届いたのは2020年7月末のことだった。なので、タブレットの成果はすぐには見られなかった。ただ、興味深い現象が一つあったという。

ちょうど夏休みに入った時期。子どもの中には、朝から拠点にやって来るメンバーと午後から来るメンバーがいるのだが、その二グループの子どもたちが朝の時間帯に、オンラインのビデオチャットで会話する新たなコミュニケーションのスタイルが生まれたというのだ。

「タブレットを使って、別の拠点の子どもたちと交流したいという要望も聞いています。去年の夏休みには、全国の拠点から子どもたちが沖縄に集まって渡嘉敷島まで合同旅行しましたが、今年はコロナでできない。だから、タブレットで交流イベントをやりたいというのです」

タブレットが、孤立しがちだった子どもと拠点スタッフの間の距離を縮め、子ども同士のつながりを深める触媒の働きをしている。コロナ禍が「子ども第三の居場所」にもたらした変化の一つである。

■里親とファミリーホーム

繰り返しになるが、一連の新型コロナウイルス対策プロジェクトを実行するにあたって、日本財団が呼びかけている寄付金には、二つの大きな受け皿がある。日本財団が主体的に支援事業に取り組むための財源となる「新型コロナウイルス緊急支援募金」（2021年9月13日現在、二十九億二千四百六十七万円）と、「新しい地図」（前出）の三人と連携して支援事業を企画、実行する「愛のポケット基金」（同日現在、四億六千三百七十四万円）である。

緊急支援募金とポケット基金によって実行されたプロジェクトを、さらに紹介しておきたい。

「愛のポケット基金」は、何らかの理由で実親と一緒に暮らせない子どもが養育されている里親家庭への支援にも力を入れた。

なぜ、里親家庭か。

厚生労働省が２０１９年４月にまとめた「社会的擁護の現状」の調査集計によれば、保護者のいない子どもや被虐待児など家庭環境上で社会的擁護を必要とする子どもは約四万五千人。このうち、約三万七千五百人は乳児院や児童養護施設などで暮らし、里親に委託され育てられている子どもは五千四百二十四人（２０１８年３月末現在）となっている。

ほとんどの里親は子育ての経験が豊富で、里子に対しても実子と同等・同様の愛情を注いで養育していると言っていいだろう。しかし、どのような里親養育の事例であっても、里親と里子の関係がずっと良好だったと言えるわけではない。とくに新型コロナウイルスの感染が拡大し、仮に里親家庭で陽性患者が出る状況に至った場合、それまでは平穏が保たれていた里親家庭の環境が根底から崩れてしまいかねない。日本財団はそう考えた。

公益事業部には、施設養育のあり方を考え、里親養育や養子縁組をめぐる課題に長く取り組んでいるチームリーダーの高橋恵里子がいた（現在公益事業部長）。

高橋のもとに届いた情報によれば、今回の新型コロナウイルス禍で感染者が出た里親家庭は2020年8月末まではなかった。その一方で高橋は、「一部の里親が、感染したひとり親が回復するまでの短期間ならその子どもを預かってもいいと意思表示している」と聞いた。ただし、条件が付いている。「子どもは陰性だとはっきりしていて、病院との連携がしっかりしている場合」に限るという。受け入れる側とすれば、妥当な判断だろう。

そこで、「愛のポケット基金」プロジェクトはまず、里親家庭内での感染予防を手始めに▽里親家庭で陽性患者が出た場合の感染拡大防止▽親がウイルス感染で養育が困難となった場合の子どもの受け入れ対応――などのケースを想定し、全国の里親家庭に対し、消毒用アルコール、非接触型体温計、さらに防護服など衛生用品の支援を行うことにした。

また、里親家庭の孤立を防ぐためにはオンライン環境の整備が必須だと考え、全国里親会の本部事務局と計六十四の地域里親会に各二台ずつタブレットを配布し、オンライン研修や面談を実施した。支援額は千九百七十四万円であった。

一方、里親とよく似た家庭養護の形態であるファミリーホーム向けの支援事業には、「新型コロナウイルス緊急支援募金」が活用された。

ファミリーホームは、養育者とその補助者（合せて三人以上）が五〜六人の子ども（里親では一〜四人）を養育する多人数版の里親家庭だ。日本財団は全国のファミリーホーム三百三十カ所に対し、全国里親会とほぼ同じ内容の支援を実施した。支援額は二千三百八十二万円。

すでに述べたが、「こども食堂」による緊急食支援には「愛のポケット基金」が活用された。一方、基本的には日本財団の自主財源で実施されている「子ども第三の居場所」プロジェクトには、前述のタブレット支援など一部でＴｉｋＴｏｋによる「新型コロナウイルス緊急支援募金」への寄付金が使われた。

日本財団に寄せられるさまざまな募金や基金は連動し、補完し合っているのである。

■親が感染した場合

子どもの幸せのためには、（施設養育よりも）里親やファミリーホームを含む家庭養育の方がより良いと考える高橋恵里子は、今回の新型コロナウイルス禍によって、子どもがいかに深刻な影響を受けるかを鋭敏に感じ取っている。

「児童相談所が言うには、親が感染して入院し、子どもの面倒が見られなくなるケースがたまにある。その場合、児相の中の一時保護所が引き受けることになるが、あくまで子どもが感染していないことが前提条件となるということでした」

本来なら、親が入院した病院が引き受けてくれるのが最善なのだろうが、現実にはそう簡単に事は運ばないという。

「児相や乳児院側も悩んでいるようでした」

ひとり親家庭で親が新型コロナウイルスに感染してしまった。親がＰＣＲ検査で陰性となり治癒するまでの期間、その子どもの養育を引き受けてくれますか。

以上の難問を、高橋はいくつかの里親家庭に投げかけた。回答の大半は「受け入れたい気持ちはあるが、できない」「他の子どもも養育しているので、現実問題として難しい」との結果だった。しかし、前述の通り、一部の里親は次のように答えている。

「子どもの陰性がはっきりしていて、病院側もきちんと連携してくれるなら引き受けてもいい」

同じ問いを全国三百三十カ所のファミリーホームにも投げかけるアンケート調査を日本財団が実施（2020年5月）したところ、五分の一にあたる六十六のファミリーホームから「受け入れは可能」との回答が寄せられた。五分の一しかなかったと見るか、五分の一もあったと受けとめるか。回答用紙の「意見欄」の記述には、コロナ禍があぶり出したいくつかの重い課題が並んでいる。

「重度の障がいのある里子がいますが、原則的には受け入れ可能です」

「子どもに持病（喘息）の者がいるのでしっかり検査の上、来ていただきたいです」

「行き場がない子どもたちを受け入れ生活することが使命と思っています。（子どもの）陰性が確認されているのであれば受け入れます」

「受け入れは可能です。ただ、九十八歳の祖母も同居しているため、受け入れについては十分相談させていただきたく思います」

受け入れを「いいえ」と回答したファミリーホームの意見も一つ紹介しておく。

「申し訳ありませんが、現段階では難しいです。『今いる子どもの安全確保』はもちろんですが、風評被害を受けて地域から孤立するのではないかという懸念も大きいです」

第３章　緊急支援第二弾

第4章

支援第三、四弾

（1）複合災害に備える

■のど元を過ぎてはいない

２０２０年5月26日、日本財団は新型コロナウイルス対策プロジェクトの第三弾を発表した。

「新型コロナと複合災害に備えた救命救急医療への緊急支援」

この表題を、第一弾（4月3日）の「東京・お台場における感染者のための宿泊療養施設の建設」や、第二弾（5月20日）の「タクシーチケットの提供による医療従事者の移動支援と、感染防止装置を備えた患者の移送用車両の配備」と比べてみると、趣が異なっている。対策プロジェクトの第三弾は目の前のウイルス感染に立ち向かう応急的な対応だけではなく、将来起こり得る出来事を見通した計画性を感じさせるものだった。支援の規模は五十億円を超えるという。

日本財団ビルで行われた記者会見に出席した会長の笹川陽平は、会見冒頭の挨拶の中に警句や諺を織り込んだ。

「（記者会見前日の）５月25日、新型コロナウイルス感染に伴う政府の（第一回目の）緊急事態宣言は全面解除されました。感染症対策における日本の対応は、いずれ世界から評価されるでしょう。しかし、『備えあれば患えなし』の準備ができていたといえるかどうか」

　続けて、

「全国にはまだ多数の感染者がいます。感染の第二波、第三波を予測した対応が必要ではないでしょうか」

　そして、

「日本の歴史を振り返ってみて、災害の連続だったことを思い起こしたい。『のど元過ぎれば熱さを忘れる』という諺があります。緊急事態宣言は解除されました。しかし、（コロナ禍は）まだのど元を過ぎてはいないのです……」

　その言葉通り、毎日発表される日本国内の新型コロナウイルス感染者数は２０２０年の７月に入ると急上昇し始め、８月７日には一日の新たな感染者数として当時では過去最多の千六百五人を記録するなど高水準が続いた。医療最前線の医師、看護師らの肉体的、精神的疲労は限界に達していた。それは、全般にわたって盤石であるはずの日本の医療体制が、感染症対策の分野だけでなく救急医療の領域でも、実際には脆弱な基盤しか持っていない実情を白日のもとに晒すことになったと笹川は語った。

5月26日の記者会見から十日後の6月5日に放送されたNHKの情報番組「首都圏情報ネタドリ!」の「どう両立? 救急医療と新型コロナ対応」は、まさに笹川が指摘する医療現場の実状を伝えるものだった。

番組によると、東京では七十三の病院が連携し、二十四時間体制で心臓病の救急医療を提供している。ところが5月末、渋谷区に住む七十代の男性が激しい動悸と胸の痛みを訴えたにもかかわらず、一時間余りもたらい回しのすえに、なんと二十キロ以上も離れた府中市の病院に搬送されるケースがあった。新型コロナウイルスの影響で、多くの病院が心臓救急の受け入れを停止していたからだ。受け入れ停止の病院は最も多い時で十七カ所にのぼったという。

東京都の依頼を受け、医療スタッフや救急医療に必要な機器の多くを新型コロナウイルスの対応に振り分けた病院もあったそうだ。

一方、墨田区の病院は別の理由で心臓救急の受け入れを停止せざるをえなくなった。4月にとうとう、院内感染が発生したからだ。院内感染が起こり得ることを想定しながらも、従来の医療と新型コロナ対応を両立させようとしていたさなかであった。影響は心臓救急だけにとどまらず、この病院が備える高度救命救急センターも一時的に閉鎖となった。救急医療の現場は、所々でマヒ状態に陥っていたようだ。

日本財団が調べたところ、そもそも、救急医は全国に約三千五百九十人しかいない。医師総数三十二万七千二百十人（２０１８年、厚生労働省調べ）の１％にすぎないのである。ちょっと驚かされる数字だ。

５月26日の記者会見に戻る。記者との一問一答で、新型コロナウイルス感染症対策のプロジェクトの中で、救急医療に焦点を合わせた支援を行う理由を尋ねた民放テレビ局記者に対して、笹川はこう答えている。

「救急医療はこれまで、ごく限られた重篤患者だけを対象にしていたわけですから、一般的な問題ではないと思われていました。その意味で、われわれは新型コロナウイルスに虚を衝かれたといっていい。医師や看護師がコロナ対応に追われて、本来の受け持ちである重篤患者を十分に診ることができなかった。救命救急医療の空白ができてしまった。そうした実態について、われわれはきちんと検証し、新しい体制づくりをしなければならないと考えたのです」

笹川は、日本の感染症防止体制は戦前や戦中に比べても弱体化しているのではないかとも指摘した。多数の優れた専門医はいるが、今回のような多くの感染者が出るコロナ禍には十分に対応できなくなっているのではないかというのだ。

一方で、異常気象が続き、大型の台風が毎年のように日本列島を襲うようになった。地震は連日と言っていいほど、列島のどこかで発生している。

そこで、笹川は主張する。

「感染症と自然災害。そういう複合災害を視野に入れた備えが求められる」

そのカギを握るのが救命救急医療体制の強化なのである。

■対岸の火事ではない

日本財団が打ち出した新型コロナウイルス対策プロジェクトの第三弾について、記者会見では笹川の冒頭説明に続き、常務理事の海野光行（１９６８年生まれ）が説明を始めた。

１９９０年に日本財団に入った海野は主として海洋関係事業に携わってきた。２０１１年から海洋担当の常務理事を務めている。なので、感染症対策は海野の職掌外といえるかもしれないのだが、日本財団ではこのような担務を超えた仕事の割り振りは珍しいことではない。

このシリーズ本『日本財団は、いったい何をしているのか』の第四巻「災害に立ち向かう群像」で詳しく書き込んだことだが、2011年3月の東日本大震災の際、日本財団は緊急支援の第一弾の柱の一つとして海洋分野の事業を展開している。海野は津波で被害を受けた漁船の修理・建造費の無利子貸し付けから水中ロボットによる海の再生力探査事業に至るまで幅広い被災地支援のプロジェクトにかかわった。それと同様、今回はコロナ禍対策にも対応したのである。尋常ではない災害などに直面した際に、日本財団がしばしば用いる組織の総力結集シフトの一例にすぎない。

海野光行

海野自身は、こう考えていた。

東日本大震災以来、南海・東南海地震のような甚大な自然災害への備えが急務だとされているが、その備えには、さまざまな専門家や機関とのネットワークづくりが必要不可欠だ。幸い、これまでの活動によって日本財団は災害医療や救急医療の専門家である医師たちとのつながりができた。新型コロナウイルス禍に直面している今こそ、培ってきたネットワークを活用する時ではないか。

記者会見の場で、海野は危機感を強く滲ませながら説明を続けた。

「新型コロナウイルスの最初の襲来で、日本の救急医療機関が崩壊の危機に陥ったのは事実です」

そして、その日（２０２０年5月26日）の地球を俯瞰しながら新型コロナウイルス感染拡大の状況を語った。

地球規模で見ると、感染の大きな波がドイツや韓国、そして中国を襲っていた時期であった。感染はさらにブラジルなどの南米にも拡大していた。

中でも海野が注視したのはフィリピンだった。新型コロナウイルスの感染で数千万人が自宅隔離を続けているさなかの5月15日、台風1号の直撃を受け、ＡＦＰ通信によれば数万人が避難する事態になったのだ。

さらに、5月19日、米国で新たな感染者が一日二万人以上となった（ニューヨーク・タイムズ紙）時期に、中西部のミシガン州で豪雨水害によって二つのダムが決壊し、ＡＦＰ

通信によれば、一万人以上の住民が避難している。

いずれも住民たちが、災害と感染という二つの要因によって非常に危険で複雑な避難を強いられたケースであった。

「ウイルス感染とは別に、日本では毎年のように大きな自然災害が起きています。（コロナ禍のただ中に巨大な自然災害が発生した）フィリピンやアメリカの出来事は、けっして対岸の火事ではないのです」

海野によれば、この新型コロナウイルス対策の第三弾プロジェクトは、極めて明快な発想から出発している。

「命の危機に瀕している患者を最初に診るのは救急医です。ところが、新型コロナウイルスで手一杯になると、医師や看護師は疲弊し、対応力が低下する。やがて、（感染症以外の）他の重篤患者が診られなくなる。そこに思い至れば、医療崩壊の危機に瀕している救急医療の現場を守ることこそが、いま、目の前で起きている新型コロナウイルス感染症だけでなく、将来には別の感染症が自然災害と重なって大きな複合災害になった場合の備えとして、少しでも多くの命を救うことにつながっていくと理解できるはずです」

■指導医指定施設

日本の救命救急医療の仕組みを改めて調べてみた。

よく見聞きする「救急指定病院」は、消防法に基づき都道府県知事が告示し、指定する病院を指す。これらの病院は対応する患者の症状に応じて初期（一次）救急、二次救急、三次救急に区分されている。

初期救急は、発熱、下痢など軽度の外来患者が対象。二次救急は二十四時間体制で、救急車で搬送されてきた骨折患者など、入院治療を必要とする中等症の患者を受け持つ。三次救急は、脳梗塞や心筋梗塞、あるいは交通事故などで重傷を負い、生命に危険がある重篤患者が搬送される施設だ。いわゆる救命救急センターや高度救命救急センターなどがこれに該当する。

一般社団法人・日本救急医学会（１９７３年発足）によると、重篤、あるいは重症化した新型コロナウイルス感染症患者を含め、生命の危機に瀕した患者を診る三次救急の医療施設は全国に二百九十四カ所あるという。繰り返し述べるが、この三次救急の病院が新型コロナウイルスへの対応に追われて他の患者の受け入れを停止してしまうと、瀕死の状態にある患者の搬送先がなくなってしまう。救急医療の崩壊である。これが、重要なポイントだ。

　海野は東日本大震災の際の被災地支援プロジェクトでの経験から、災害支援活動における救急医療の重要性を痛感していた。そして、現地に入った救急医たちの話を聞くことなしに、被災地の実態は把握できないと確信するようになった。

「被災地の支援は、第一には命を守ることですね。国内外を問わず、どんな災害の被災地でも、最初に動くのは政府・自治体の職員ではなく、救命救急医です。その先生方とつながりをもち、ネットワークを結んでおけば、被災地のニーズをきちんと把握し、的確な支援活動ができると考えました」

　海野は日本救急医学会の専門医や、大きな災害時に医療チームを派遣する活動を続けるNPO法人・災害人道医療支援会（ＨｕＭＡ）などとの交流を深めた。とくにＨｕＭＡは、救急医療に携わる医師や看護師だけでなく、物資の調達などに従事する専門家らも構成メンバーになっている団体だ。いざという時に派遣可能な人員は四百六十人にも及ぶ。そうした幅広い人脈にふれるうち、海野は全国の三次救急医療施設の中でも、とくに経験を積んだ専門医を擁し、救急医療の人材育成にふさわしい環境を備えている施設があることを知った。

それは日本救急医学会が認定する「救急指導医指定施設」という。

一般的にはあまり知られていない名称だが、全国で計百四十一施設が認定（2021年1月14日時点）されている。三次救急の医療施設の中でも選りすぐりの施設といえよう。急病、外傷、中毒などあらゆる重篤な病態で救急搬送されてきた患者に対応する救急専門医を擁する施設だ。ＣＴスキャン（コンピューター断層撮影装置）やＭＲＩ（核磁気共鳴画像診断装置）を搭載した「ドクターカー」を保有し、生命の危機に瀕した患者のもとに医師を急派できる施設もある。

特徴的なのは、認定条件として「五人以上の救急専任医師のうち二人以上は日本救急医学会指導医であること」などが明記されていることからうかがえるように、救急医療の専門医を育成する教育機関としての機能も併せ持っていることだ。救急指導医の認定を受けるにはむろん、研修を受けなければならない。

海野は畏敬の念を込めて言う。

「救急医には総合的な知識、的確な判断力に加え、長時間の勤務に耐えられる体力が求められる。目の前の命を救いたいという強い熱意のある人しか務まらない職業です」

なぜ三次救急のすべての施設を支援の対象とせず、百四十一の指導医指定施設に限定したのか――との問いに、海野はこう答えた。

「他の救急施設も多大な苦労をされつつ、医療を支えてくださっています。しかし、その中でも救急医を育てる機能をもつ指導医指定施設を支援することで、感染症対策や複合災害対策における効果的かつ効率的な医療資源の運用ノウハウの蓄積を促進できる。また、指導医指定施設での救急医の人材育成を通じて、感染症対策をより多くの医療施設で強化することにつながると考えたからです」

コロナ禍を機に、「救急指導医指定施設」という、機動性を備えた専門医療施設の支援に日本財団が乗り出した意義は大きい。

■救急医療の危機

海野は記者会見で、まずコロナ対策プロジェクト第三弾の趣旨と目的を次のように語っていた。

「今そこにある危機」への対応として新型コロナウイルス対策への支援を行い、「次に起こる危機」への対応として、第二、第三波の新型コロナと甚大な複合災害への備えにつながる支援を実現する。それによって、「防ぐことができた死」を減らす。

　この目的を達成するために海野が明らかにした救急医療施設への支援の内容は極めて具体的だった。「三カ年（２０２０～２０２２年度）かけて三段階で約五十億円の支援を実施する」と数字も明示されている。

　それによると、「救急医療施設や医療従事者のニーズに応えた資金的支援を行う」とした第一段階（２０２０年度）で、まず対象としたのは、前述の日本救急医学会が認定する「救急指導医指定施設」である。

　支援に先立ち、日本財団は四十以上の施設からニーズの聞き取り調査を行った。施設側からは、重篤患者を受け入れる救命救急の施設としての役割から▽新型コロナウイルスの感染を防ぐ資機材の購入費▽ゾーニング（患者隔離）のための施設設営費、または改修費▽さらに複合災害に対応するために必要な資機材の購入費――といったウイルス感染症対策のための基本的要望が相次いだ。

　それは当然として、日本財団が驚いたのは、新型コロナという未経験のウイルス感染症に直面した医療現場の動揺と不安が予想以上に深刻だったことだ。次のような声が聞かれた。

「このような事態（ウイルス感染）に慣れていない医師や看護師は、常に同僚の医療従事者と患者の双方からの院内感染に怯えている。心身共に疲労が限界にきている」

「複合災害時も想定すると、防護具はもとより、食糧や水の備蓄等、医療従事者が仕事をするための根本的な物資が著しく乏しい」

「仮に施設内に使える場所があっても、院内感染を防ぐための病室や動線のための工事費、空間からウイルスを除去するための器材を購入する予算がない」

「病院施設の維持に要する自家発電用の燃料が八時間分しかなく、地震や水害等の発生時に調達できないとすると、ＩＣＵ（集中治療室）で電力によって維持されている命が途絶えてしまう」

「国の支援制度は、（医療現場の）状況やニーズと合致していない。支援を実現するための事務作業に要する手間がかかりすぎる」

指導医指定施設は一般的な患者への対応はもちろん、専門である救急医療に関する限り、高水準の対応実績を残せるはずである。ところが、実際には疲労や院内感染への怯えを訴える声さえ聞かれた。これは、救急専門の医療従事者ですら、感染症対策についての準備ができていなかったことを物語っている。

日本財団は5月26日、全国百四十一カ所を数える日本救急医学会の救急指導医指定施設を対象に、新型コロナウイルス感染症と複合災害に備える救急医療施設・医療従事者への緊急支援策を発表したが、海野の説明によれば、プロジェクトの第一段階では、次の四施設が先行支援を受けることになった。

- 大阪府済生会千里病院（吹田市）
- 横浜労災病院（横浜市港北区）
- 日本医科大学多摩永山病院（東京都多摩市）
- 東京医科歯科大学医学部付属病院（東京都文京区）

（注＝東京医科歯科大学医学部付属病院は2021年10月1日から、歯学部付属病院との統合に伴い、東京医科歯科大学病院となった）


先行支援の理由として四施設に共通していた特徴は次の通りである。

「現在（2020年5月時点）、発熱患者の対応を含めた新型コロナウイルス感染症の診療と救急診療の両方に従事している」

「器材や資材の調達が十分ではなく、また、感染症対策が十分整備されていない」

「新型コロナウイルスへの対応と、複合災害への備えに前向きである」

四施設が支援によって獲得した主な資機材を列挙すると――。
▽感染症病床個室の改装費（陰圧化）
▽感染症病床X線撮影装置
▽医療従事者の感染防護用資機材
▽隔離用病室の感染隔離ユニット
▽専用病棟で用いる人工呼吸器
▽超音波検査機器
▽ドクターカー
▽遠隔管理及び情報共有用の通信システム
▽可搬式の口腔外科用バキューム
▽発熱者の診断に用いる移動式ＣＴ
四施設へのこれらの先行支援は２０２０年7月に実施されている。支援金額は各施設当たり一億二千二百万円～一億四千六百万円であった。

■ドクターカー

日本財団による日本救急医学会の指導医指定施設を対象にした緊急支援は7月上旬、各施設に具体的な支援要望を提出してもらう公募を行い、救命救急医療の専門医や救急看護の専門家六人で構成する評価委員会（委員長＝嶋津岳士・大阪大学大学院医学系研究科教授）で審査を行った。

その結果、7月29日には、支援申請した百三十三施設（申請総額六十一億九千六百万円）のうち、新型コロナウイルス感染者の入院診療、ないしは外来診療を積極的に行っている三十六都道府県の百二十八施設（先行支援の四施設を含む。うち一施設は他から同様の支援を受けたため辞退）に対し、総額四十九億七千九百十二万円にのぼる支援を決定した。一施設当たりの支援金額は三千万～四千万円台が最も多かった。

各施設に配備された、感染防止用の主な医療資機材は次の通りである。

▽陰圧クリーンブース（診療用患者隔離装置）
▽空調・換気設備
▽クリーンパーテーション（感染者隔離対策の仕切り）

▽AED（自動体外式除細動器）
▽リアルタイムPCR装置
▽災害用衛星アンテナ
▽移動型X線撮影装置
▽ドクターカー
各施設に届けるこれらの資機材はどのようなプロセスを経て決定されたのか。

海野によれば、まず、支援を受ける指導医指定施設がＨｕＭＡ（前出）などの専門機関と相談し、要望する品目を決め、日本財団に申請。これを受けて日本財団はＨｕＭＡの意見のほか、前述の評価委員会の助言を受けて、各施設への支援品目を決定する手順だった。

この支援事業の特筆すべき点は、そのスピードだろう。5月下旬の事業発表から支援決定、完了まで二カ月足らずという速さだった。

その理由は単純で、現物を渡す支援ではなく、現金を渡す方式にしたからだと海野は言う。

「施設側が要望するモノをこちらが聞き、一つ一つ確認しながら購入した現物を渡す方式では、それだけでよけいな時間がかかる。支援金を渡し、施設側で必要なモノを購入してもらうやり方の方がすっきりしていてずっと速い」

ところで、支援された資機材の中で、最も目立つものは何かといえば、「ドクターカー」だろう。いろんなタイプの車両があるようだが、日本医科大学が保有する二つのタイプのドクターカーを見せてもらった。

一つはSUV（多目的スポーツ車）車両をベースとし、医師と必要かつ最小限の医療資機材を迅速に患者のもとに搬送することに特化したタイプで、ラピッドカーと呼ばれる。救急車と合流すれば、病院到着前から迅速に医療行為を行える。

もう一つは、大きめの救急車のようなワゴン車両タイプで、医師や看護師と必要な医療資機材を現場に搬送するドクターカー。このほか、新型コロナウイルス感染などで重症の呼吸不全や循環不全となった患者に対して人工呼吸器や体外式膜型人工肺（ECMO）を用いて生命維持を行いながら搬送できるよう設計された車両もある。

厚生労働省が調べたところ、全国の救命救急センターが保有し、運用しているドクターカーは2016年現在で二百三十九台。年間運用件数は三万二千百九十八件だった。日本財団が今回、救急医療の指導医指定施設を対象にした緊急支援を実施するにあたって調べ

日本医科大学の大型ドクターカー

たところでも、ドクターカーの配備を望む指導医指定施設は少なくなかった。結局、先行支援を受けた四施設のうちの三施設（横浜労災、日本医大多摩永山、東京医科歯科大医学部付属病院）を含むかなりの数の施設がドクターカーを獲得したという。

多様な医療機材を搭載し、特殊な機能をもつ大型のドクターカーなら一台数千万円はかかるだろう。それでは他の資機材を購入できなくなるのではないかと心配したが、無用だった。高額の大きなドクターカーはいらない、小回りの効く小型車両の方がいいという要望が多かったというのだ。

海野が納得したように言った。

「いろんな機材を積み込んだドクターカーの

中で治療を行うことも大事です。しかし、救命救急医療で一番大事なことは、まず医師がそこに急行することだと聞きました。だから、小さなドクターカーの方が使い勝手がいい。大きなドクターカーだと、災害の被災地までたどり着けないこともあるでしょうから」

だから、狭い路地にも入っていける軽自動車のドクターカーのリクエストさえあるという。

■人材の育成

日本財団の新型コロナ対策プロジェクトの第三弾は、当初は2020年度から2022年度にわたる三カ年の計画として立案されていた。

第一段階（2020年度）はすでに述べたように、医療従事者のニーズに応えて救急医療施設への総額五十億円にのぼる資金的支援だった。2021年7月には終了している。

2021年度に計画されていた第二段階と2022年度の第三段階のプログラムについても説明しておこう。担当常務理事の海野光行によれば、第二、第三段階のプログラムは事業費がそれぞれ五千万円余、合わせて一億円と第一段階に比べればささやかだが、非常に重要な支援プロジェクトだという。

「感染症だけでなく、突然やってくる複合災害と対峙できる人材の育成を目的としているからです」

計画によると、第二段階のプログラムは救急医療施設（一般病院や高齢者施設も含む）の医療従事者に対する研修が中心となる。

研修は前述の救急指導医指定施設を拠点とし、医療従事者の防護や院内感染防止などを目的とした感染症対策と複合災害を想定した研修を行う。豊富な経験を持つ救急専門医らを講師とする密度の濃いプログラムになる。

例えば、複合災害を想定した研修では、感染物の処理や病院外での傷病者の治療など実際的な訓練を行う。

限られた医療スタッフしかおらず、医薬品も不十分な状況下、同時に多数の患者が出た場合はどう対応するか。そうした時に備え、手当ての緊急度に従って搬送や治療の優先順を判断するトリアージなど高度な訓練も盛り込んでいる。一人でも多くの傷病者に最善の治療を提供する精神を身に付けるのが目的であるからだ。

そして第三段階が、次世代の救急医療を担う人材を育てるプログラムである。対象となるのは小学生たちだ。自分の大切な人を守る救急医や看護師になりたいと思う次世代を育てることが、複合災害にも耐える救急医療体制の維持につながると日本財団が考えたからである。

まず、小学校への出前授業の教材づくりである。次に全国の救急指導医指定施設から講師を選出する。そのうえでモデル校を選び、出前授業を実施することにしていた。

出前授業では気道の確保の方法や、電気ショックを与えることで心停止状態の心臓を蘇生させるＡＥＤ（自動体外式除細動器）の使い方を教えるなど、「命をつなぐ」ための基本的な方法を知る機会を与えることに力を入れる。モデル授業は救急医療現場の現状を子どもの目線でとらえられるよう工夫し、「守られる者」から「国民の生命を守る者」への使命感を育む内容にしたいという。

ところが残念なことに、この新型コロナウイルス対策プロジェクト第三弾の第二、第三段階プログラムについて、日本財団は「いったんは中止する」と方針の変更を決めた。東京２０２０オリンピックの開会式を三日後にひかえた２０２１年7月20日に開いた理事会で承認された決定である。

中止の理由は、依然として収束の兆しが見えなかった新型コロナウイルス禍にある。緊急事態宣言がこれまでに何度も発令されたにもかかわらず、感染者が増え続けたのだ。運び込まれる感染患者の治療や診察、ワクチンの接種、加えてＰＣＲ検査もある。医療現場では誰もがぎりぎりのところでふんばっていた。厳しい条件下で診療を続けられる医師を育成する研修や、明日の医療現場を担う子どもたちを対象にした出前授業形式の生きた教育実践の意義はわかっていても、逼迫した医療現場では研修どころではなかった。事業の中止を決めたのはこのためだ。

しかし、中止してそのまま消し去ってしまうのは惜しいプログラムではないかと、筆者などは思った。

後になってわかったことだが、日本財団も（むろん海野も）感染症と大規模自然災害が重なる複合災害を想定していて、救急医療現場の対応力を強化する取り組みをあきらめたわけではなかった。

コロナ禍が縮小し、医療機関が落ち着いた状態になれば、今回は中止したプログラムに取り掛かりたいという。

ウィズコロナ時代に向けて残された宿題の一つである。

（2）お台場からの発信

■ペット同伴という発想

２０２０年の４月から５月にかけて、日本財団は新型コロナウイルス対策プロジェクトを第一、第二、第三弾と矢継ぎ早に打ち出した。繰り返すが、各プロジェクトは、スタートすれば最初の計画のまま進行していく、というわけではない。それぞれが修正されながら、展開されていく。日本財団の取り組みは多くの場合、常に変化していた。

本書の第４章について筆者は、第三弾プロジェクト「新型コロナと複合災害に備えた救命救急医療への緊急支援」を中心に書き進めていた。ところが、その最中に、すでに一通りの原稿を書き終えていた第一弾プロジェクト「東京・お台場における感染者のための宿泊療養施設の建設」に興味深い動きがあることを知った。次のようなニュースである。

軽症のコロナ感染者が入るホテルなどの宿泊療養施設には、常識的にいえば、ペットを連れていくことはできない。ところが、日本財団がお台場（東京都品川区）の船の科学館の敷地に設営し、東京都に無償貸与した宿泊療養施設「応急仮設住宅タイプの個室型プレハブハウス」は、ペット同伴が可能だという。室内で飼育できる小さなサイズなら、愛犬や愛猫を連れてきてもかまわないというのだ。柔軟な発想のアイデアが盛り込まれたコロナ禍対策のプロジェクトとなったらしい。

個室型プレハブハウスの宿泊療養施設の使途については、ひとり親が感染した場合などに子どもと一緒に過ごせるように二人部屋をつくるアイデアが提起されたことはすでに述べたが、親子間の感染リスクをどう回避するかが大きな課題だった。同じ感染リスクの観点から、ペット同伴には問題はないのか。

厚生労働省によれば、新型コロナウイルスの主要な感染経路はヒトからヒトへの飛沫感染と接触感染であると考えられている。感染したヒトからペットに感染する事例は海外で数例確認されている。

（注＝NHKニュースなどによると、2021年の1月と9月には、米国西海岸カリフォルニア州と南部ジョージア州の動物園で、それぞれ複数のゴリラが新型コロナウイルスに感染したが、いずれも飼育員から感染した可能性が高いとされた。しかし、動物からヒトに感染した事例は報告されていない）

ペット同伴という発想は、感染者にホテルでの宿泊療養を勧める東京都に対し、「ホテルにはペットを連れていけないので自宅で療養したい」という要望が相次いだことから浮上したらしい。ともあれ、停滞状態にあった第一弾プロジェクトは再び動き出した。

この「ペット同伴可」の宿泊療養施設を、日本財団のコロナ禍対策プロジェクトにおけるユニークな流れとして、書き留めておきたい。

2020年10月9日。それは、新型コロナウイルス禍の収束を目指し、取り組みの連携強化を模索していた日本財団と東京都にとって、一つの節目となる日であった。

その五カ月前の5月1日、船の科学館の敷地にある「日本財団パラアリーナ」の体育館部分をパーテーションで仕切って改修した感染者の宿泊療養施設（百床）が完成したことはすでに述べた。

さらに7月16日、同じ敷地内の駐車場スペースで工事を進めていた応急仮設住宅タイプの個室型プレハブハウス十四棟（百四十室）も完成した。

併設された大型テント一棟と合わせてこれら三施設はやがて「日本財団災害危機サポートセンター」と呼ばれるようになる。改正された「新型インフルエンザ等対策特別措置法」が定める臨時の医療施設である。設営の費用やさまざまな関連資機材の購入費などは日本

お台場の災害危機サポートセンターを視察する西村康稔・経済再生担当相（2020年10月9日）

財団が拠出し、東京都が施設の運営にあたる。

日本財団から東京都へ施設の引き渡し（無償貸与）が行われたのが9月18日。そして10月9日、東京都による運用が開始された。

その日、開設のセレモニーが行われたわけではなかったが、西村康稔《やすとし》・経済再生担当大臣（当時）が視察に訪れた。小池百合子・東京都知事はこの日までに二度ほど訪れているが、政府閣僚の来訪は初めてであった。日本財団の尾形武寿理事長と笹川順平常務理事、東京都福祉保健局の初宿《しやけ》和夫・健康危機管理担当局長が大臣を出迎えた。

視察後、記者たちの取材に応じた西村は、この「日本財団災害危機サポートセンター」

の意義にふれた。

「今後、感染拡大が逼迫するような状況が起こらないようにすることがわれわれの仕事でありますが、万が一の場合に備えてこうした施設を整えていただいた日本財団さんの協力に改めて敬意を表したいと思います」

西村は何にも増して、この施設がもつユニークな特性を発信したかったようだ。

「ここは、軽症または無症状の方がペット同伴で宿泊療養できる施設です。このような施設は、日本で初めてだと思います」

西村がここで語っている施設とは、「日本財団災害危機サポートセンター」のうち、前述した個室型プレハブハウス棟を指す。ちなみに、東京都福祉保健局のホームページにアクセスすると、都が受け入れを行っている宿泊療養施設（ホテル）一覧表の末尾に「ペット同伴宿泊療養施設」として掲載されていた。

東京都における新型コロナウイルスの日ごとの新たな感染者数はこのころ（2020年10月上旬）はほぼ連日、百人〜二百人台のレベルで推移していた。ペットを連れて宿泊できるというコロナ対策担当大臣の発表がペット愛好家の耳目を集めたのは間違いない。

繰り返しになるが、このころ、新型コロナウイルスに感染した場合、入院の必要がない軽症者と無症状者は都道府県が確保したホテルなど民間の宿泊療養施設に滞在するよう勧められていた。厚生労働省は宿泊療養を基本とし、自宅療養は例外としていた。急激な体調変化といったリスクがあるためだ。

しかし、ここで問題が浮上した。ホテルで宿泊療養する場合、ペット同伴は不可だが、都福祉保健局によれば、「ペットを連れて行きたい」と強く希望したり、ペットの世話を理由に自宅療養を選択する例が予想以上に多かった。ペットを預かってくれる動物病院やペットホテルはなかなか見つからないうえ、高額の費用がかかるためだ。

何しろ、飼い主がいるペットは半端な数ではない。ペットフード協会（東京・千代田区）が２０２０年に実施した全国調査によれば、犬と猫の飼育数だけで合計千八百十三万三千匹にのぼっている。

今回の新型コロナウイルス禍にあたって日本財団と東京都は協議を重ねた結果、宿泊療養する人たちの中でペットを同伴したいというニーズがそれほど高いのなら、いっそ認めようということになった。杓子定規にペット同伴を不可とするよりも、ペット愛好家の希望を汲んだ柔軟な発想を選択したのである。ペットと一緒に療養できる施設ができれば、治療環境の向上や感染拡大防止に一定の効果が期待できるからだ。

湘南医療大学教授の山勢善江（前出）は、お台場の「日本財団災害危機サポートセンター」の個室型プレハブハウスについて、感染したひとり親が子どもと一緒に過ごせるような「二人部屋」施設として活用しようという大胆な提案を肯定的に評価していた。山勢はさらに、この「ペット同伴」施設のアイデアも高く評価したのである。

「私たちが考えも及ばない施設になります。ペットも家族の一員であると考える患者さんにとっては、とてもありがたいアイデアだと思います」

災害看護の専門家である山勢は、ペットについての社会的な認識の変化を指摘した。

「一昔前は、地震や豪雨などの災害で屋根の上に取り残された被災者がヘリコプターで救助される際、一緒にいたペットは搭乗させてもらえなかった。しかし、数年前の豪雨の際でしたか、救助隊が『この犬も大切な家族ですよね』と確認し、被災者と一緒にヘリで救助されたことが報道されましたね。ペット可とされる避難所が見られるようになったのもあのころからでした」

「日本財団災害危機サポートセンター」が開設された2020年10月9日はちょうど大型で強い台風14号が西日本から東日本にも接近していた。このため、東京都は悪天候の影響を考慮し、感染者とペットの受け入れ開始を三日間延期し、10月12日からとした。感染の拡大防止に万全の措置をとりつつ、注目の施設の運用が始まった。

■犬、猫、ウサギ、ハムスター

ペットと一緒に宿泊できるといっても、どんなペットでも受け入れるわけではない。東京都は、同伴できるペットを「犬、猫、ウサギ、ハムスターに限る」とした。これは、施設の居室内で給餌、糞便の処理、騒音の防止などの面で適切な飼育ができることを前提にしているからである。

また、ペットの頭数に制限はないが、「持ち運び用ケージに入れて、一人で持ち運びできること」としている。要するに、小型のペットに限るのである。そのうえで、次のようなルールを施設で宿泊療養する飼い主（感染患者）に課している。

▽施設の居室内では放し飼いにせず、備え付けのケージに入れ、逃亡防止の管理をする。

▽施設内の敷地での散歩はできない。

▽持ち運び用ケージや餌など、ペット飼育に必要な物品は入所時に持参すること。

いずれも妥当な取り決めだろう。

2020年10月12日の午後、「日本財団災害危機サポートセンター」の個室型プレハブハウス棟に最初の入所者となった軽症の感染患者が小型のペットと共にやってきた。この患者をお台場まで運んだ東京都手配の車は、運転席が陽圧、後部座席が陰圧となった感染防止車両だった。施設に到着した際も、何人もの看護師や職員が出迎えたわけではなく、対面での応対は必要最少限とするなど、じつに細やかな感染防止策が講じられていた。

入所者は翌13日も一人（ペット一）。14日はなかったが、15日と16日はいずれも一人（ペット一）。10月末までの実数で十一人（ペット十一）となった。同伴のペットには犬、猫、ウサギ、ハムスターと四種類のすべてがいた。

ペット同伴で宿泊療養するコロナ感染者は予想通りのペースで増え、11月末までに四十一人に達した。12月9日以降はペット同伴ではない感染者単独の受け入れも開始された。個室型プレハブハウス棟への入所者は途切れることなく続き、施設の運用開始から七カ月後の2021年5月19日時点の実数で五百五十八人（ペット同伴者を含む）にのぼった。

ここで、コロナ感染者（入所者）とペットのための居住空間を改めて紹介しておこう。船の科学館の駐車場敷地につくられた個室型プレハブハウス棟は全部で十四棟（百四十室）ある。一室の広さは20平方メートル。ワンルームマンションほどのスペースだろう。むろん、シャワー室、トイレ付き。机、椅子のほか、テレビ、エアコン、掃除機、洗濯機、冷蔵庫、電子レンジなど生活に必要な家電製品などの大半が整い、Wi-Fiも使える。

以上に加え、ペット同伴の部屋には、大（犬・ウサギ用）、小（猫用）いずれかのサイズのケージのほか、ペットシートや猫用トイレ（ケースと砂）、ペット用ウェットティッシュなどが常備されていた。

一方で、厳格な決まりがある。ペットは居室のケージ内でしか飼育できない。施設内の敷地の散歩は禁止。このルールを厳守しなければならず、飼い主の責任は重い。

飼い主としてだけでなく、入所者としての義務もある。部屋の清掃や洗濯は自分でしなければならない。食事は一日三回、弁当と飲み物が用意されるが、その都度、同じ駐車場敷地内に作業スペースとして設営された大型テント（広さ六百平方メートル）まで受け取りに行く。その際、ペットが逃げ出さないように居室の内扉を閉めることを忘れてはならない。

大型テントの入り口には「ロボホン」と呼ばれる施設案内役の音声ロボットが設置されている。簡単な質問には返答するが、退屈しのぎの話し相手にはならない。入り口わきの壁際には大きな棚が設けられ、ペットボトルやインスタントコーヒー、スリッパやバスマット、トイレットペーパー、シャンプーなどのアメニティグッズが並び、生活必需品の心配はない。

入所者には携帯電話とタブレット端末が貸与され、医師・看護師（施設に二十四時間待機）との基本的なコミュニケーションはこれで行う。一日の療養スケジュールは次の通りだ。

午前七時　　　　検温（問診）
午前八時〜九時　朝食
正午〜午後一時　昼食
午後四時半　　　検温
午後六時〜七時　夕食

施設からの外出は禁止（食事の受け取り以外は居室にとどまる）だし、禁酒・禁煙は言うまでもない。療養施設といっても、病院と同レベルの規律が求められ、入所者としてだけでなく、ペット同伴によって飼い主として背負う義務や責任が加わっている。

このペット同伴施設の厳しいルールは概ね順守されているようである。しかし、関係者

お台場の日本財団災害危機サポートセンター。

によれば、次のような「例外的なケース」もあったらしい。

入所者は原則として、弁当の受け渡し時以外は自室の外には出られないのだが、「ペットが外に出たがって落ち着きがなくなる」ことが多く、レッドゾーン（感染者の動線）エリアに限って犬の散歩を許可せざるを得ないことがある。また、ペットの機嫌が悪いので、予定より早めに退所するケースもあったそうだ。

■災害危機サポートセンター

日本財団がお台場につくった個室型プレハブハウスには、コロナ感染者がペット同伴で宿泊療養できるユニークな特性がある。このプレハブハウス棟の公式名称に日本財団が「ウイルス」や「感染」といった文言を入れず、ストレートに「日本財団災害危機サポートセンター」としたのは意味深長である。

それは、この先起こり得る地震などの自然災害とウイルス禍などとの「複合災害」を日本財団が想定し、あらゆる災害危機の対策拠点を恒常的に提供しようという意気込みを施設をつくったお台場から発信しようとしたように思える。

振り返ってみると、日本財団がお台場の船の科学館敷地に、個室型プレハブハウスの宿泊療養施設十四棟（百四十室）をつくる計画を具体的に明らかにしたのは2020年5月1日の記者会見だった。この時、近接の日本財団パラアリーナの体育館部分にはブース型宿泊療養施設（病床）が百床完成し、いつでも運用できる状態になっていた。

日本財団パラアリーナのブース型病床は医療崩壊が逼迫した状況に備えた緊急対策の色彩が濃かったのに対し、個室型プレハブハウスはコロナ禍の長期化に備えた動きであった。

それから二カ月後の7月1日午後、東京都知事の小池百合子が激しい雨の中、お台場にやってきた。日本財団が設営している宿泊療養施設の視察だった。日本財団側は会長の笹

お台場の災害危機サポートセンターを視察する小池百合子・東京都知事（2020年7月1日）

川陽平、理事長の尾形武寿、そしてお台場の施設の設営工事を担当した笹川順平、吉倉和宏両常務理事が顔をそろえて出迎えた。
　小池はパラアリーナのブース型病床を見回った後、駐車場敷地で工事が進む個室型プレハブハウス棟を念入りに視察し、報道陣に感想を述べた。
「東京都では今、感染者が再び増えてきており、われわれは警戒を強めているところです。重症者は減っているものの、無症状の感染者が増えているのが気がかりです。その意味で、この施設は都民に大きな安心感を与えると思います」
　知事のコメントから、東京都が個室型プレハブハウス棟に関心を寄せていたことがうかがえる。

個室型プレハブハウス棟百四十室は7月16日に完成し、建設工事を請け負った大手ハウスメーカーから日本財団へ、そして9月18日には日本財団から東京都に引き渡された。

ところが、前述のように、この施設がペット同伴の宿泊療養施設として、実際にコロナ感染の患者を受け入れたのは完成から約三カ月後の10月12日だった。

動きが遅いのではないか。筆者の率直な問いかけに東京都福祉保健局の初宿《しやけ》和夫・健康危機管理担当局長はこう答えた。

「Wi - Fiなどインターネット環境の整備や、各部屋の感染者と看護師をつなぐナースコールのモニター室を医療施設の仕様にするなど、万全の感染防止対策をとる仕上げの作業に時間がかかったからです。また、施設を維持・運営するのに十分な医療スタッフを確保するのにも手間取りました」

そのナースコール装置も、結局は使われないことになった。施設の運営にあたる東京都が感染リスクを最小限にする考えから、看護師と患者とのコミュニケーションを携帯電話かタブレット端末（入所者全員に貸与）で行うことにしたためだ。

こうした一部の食い違いは、日本財団と東京都の間で十分な打ち合わせの時間がとれなかったためだろう。双方の担当者が目の前の仕事の処理に忙殺されていた。コロナ禍の猛威がそれほどすさまじかったということでもある。

ともあれ、日本財団が提供したお台場の個室型プレハブハウス棟（計百四十室）が感染者のための宿泊療養施設としてどれくらい活用されたか。運用開始から十カ月が経過した2021年8月31日時点のデータを調べてみた。

入所者は実数で九百九十八人。飼い主と共に入所したペットは四百五十一匹であった。

■ラオスから日本へ

お台場の「日本財団災害危機サポートセンター」で勤務する看護師のうち、橋爪亜希（1983年生まれ）は海外で経験を積んだ国際派である。

2020年5月に帰国するまでの四年間、橋爪はインドシナ半島のラオスにいた。ある日、日本から電話がかかってきた。笹川保健財団会長の喜多悦子である。新型コロナウイルス禍への対応で、日本では医療従事者の疲弊が深刻化していると喜多は話を切り出した。

「ラオスも大変かもしれないけれど、日本も深刻ですよ」

橋爪が日本赤十字九州国際看護大学（福岡県宗像市）で学んでいた時、喜多は学長だった。米国留学の時には推薦状も書いてもらった。文字通りの恩師による帰国の勧めである。さらに話を聞いてみると、同じ看護大学時代の恩師で、看護学部長だった山勢善江（前出）もコロナ禍が拡大して以来、対策プロジェクトを展開する日本財団公益事業部のアドバイザーとなり、専門分野の助言を与える活動を続けていることがわかった。恩師二人の帰国の勧めに、橋爪の心は動いた。

２０２０年5月、橋爪は日本財団災害対策事業部のシニアオフィサーとなり、10月からは東京都が運営する「日本財団災害危機サポートセンター」の個室型プレハブハウスの宿泊療養施設で看護師として働き始めた。以上の経緯で、橋爪は、四年ぶりに帰ってきた日本でコロナ禍の渦を体験することになった。

それまでの橋爪は、看護師としての経験のうえで、とくにウイルス感染と接点があったわけではない。目を向けていたのは国際的な活動だった。

橋爪は日本赤十字九州国際看護大学で看護師、助産師、保健師の資格を得て２００６年卒業。武蔵野赤十字病院（東京・武蔵野市）で三年間臨床経験を積み、さらに視野を広げようと、米国留学を目指した。

２０１０年４月から五カ月間、米国ワシントン州のコミュニティカレッジで英語を学ぶかたわら、東アフリカ・ウガンダでの教育関係ＮＧＯの活動に参加。図書館の運営事業にかかわったりした。

２０１０年９月、米国オレゴン州立大学大学院に入学、公衆衛生学を専攻し、２０１２年６月には修士号を取得した。帰国後、三年間は母校の大学院で助手として勤務。その後、途上国の医療に目を向け、ラオスに渡る。

橋爪亜希

ラオスでの前半は、２０１６年から２０１９年７月まで。ＪＩＣＡ（国際協力機構）のプロジェクト専門家として、南部のチャンパサック県など四つの県で、県病院や軍病院、ヘルスセンターを巡回し、施設の改善プロジェクトに携わった。医療の質を向上させる指導であった。

後半は一転し、首都ビエンチャンにある民間病院（本院はタイにある）に勤務した。この病院の患者には高額所得者や日本人の駐在員を含む外国人が多く、治療費は高かった。はっきりと存在する医療格差という途上国の実相を知るうえで貴重な経験だったと橋爪は振り返る。

橋爪はラオスでコロナ患者を診ていたわけではないので、ラオスとお台場での医療経験を単純に比較することはできない。しかし、ラオスでの経験を思い出しながら語った。

「ラオスは親日的で、治安もいいし、住みやすい国ですが、ただ一つの心配は医療問題です。今回のコロナ禍でも、最初のころ、人々はすごく怖がっていました。医療インフラが貧弱なうえ、国境が閉鎖されて（医療が整った）タイに行けなくなったからです」

ラオスでは感染した場合、非常に強い隔離措置がとられるので、感染への恐れは非常に強い。しかし、一方で、人々は状況に慣れてくると精神的なたくましさを発揮するようになると橋爪は言う。

「半年も経ったころには、コロナ前と同じように仕事をし、いろんなイベントなども再開されるようになりました」

２０２０年11月、帰国して半年が経ち、お台場のペット同伴宿泊療養施設に勤務する橋爪に、今度は日本（人）のコロナ禍への対応ぶりを評価してもらった。

「個人、個人は冷静な対応をしていると思います。ただ、マスコミの反応や政府の政策、企業の方針には過敏さを感じることがあります。ですから、コロナ禍が長期化した今、私の周囲の人は、厳しい感染管理対策と日常生活の質とのバランスをとりながら暮らしている人が多いように思います」

筆者が、コロナ禍の最前線にいる看護師に投げかけたかったのは、「コロナ前の日本」と「コロナ後の日本」では何が変わったか——という質問だった。橋爪の答えは、的を射ていたように思う。

「コロナ前、日本では医療へのアクセスが比較的容易だったと思います。ところが、コロナ後は、外出自粛規制や医療機関の感染拡大防止対策のために、必要な時にいつでも受診できる環境ではなくなったように思います。しかし、一方で、コロナ前に比べると、看護師が病院や医療施設以外のさまざまな場所で活躍しているのが目立ちます。現に私が今、勤務している施設がそうです。ほかにも、コールセンターや（検疫検査を行う）空港、健康管理が求められるイベントなどさまざまな場面で多くの看護師が働いているのです」

お台場の「日本財団災害危機サポートセンター」で働いたことによって、看護師としての視野を広げることができたと橋爪は前向きにとらえている。

「コロナ禍と闘うことで、視野が広くなりました。日々、都庁の職員の方々やさまざまな施設での勤務経験がある医師や看護師の皆さんとこれまでの経験を共有することで、多くのことを学んでいます。そうして得た知見は、入所者の健康管理や今後の生活のアドバイスをする際にとても役に立っていると思います」

（3）ＰＣＲ検査センター

■週一回、無料提供

２０２1年1月19日、日本財団は本部ビル（東京都港区）で行った記者会見で、お台場（品川区）の「船の科学館」の敷地内に設けた「日本財団災害危機サポートセンター」の一角に、コロナ禍対策の新たな拠点として「日本財団ＰＣＲ検査センター」を設置すると発表した。

これは、日本財団が２０２０年の4月から5月にかけて打ち出したコロナ禍対策の

第一弾（お台場における感染者のための宿泊療養施設の建設）

第二弾（タクシーチケットの提供による医療従事者の移動支援と感染防止装置を備えた患者の移送用車両の配備）

第三弾（新型コロナと複合災害に備えた救命救急医療への緊急支援）

に続く第四弾のプロジェクトであった。

記者会見で、日本財団会長の笹川陽平は、第一弾、第二弾、そして第三弾のプロジェク

日本財団災害危機サポートセンターの一角につくられたPCR検査センター
(2021年7月28日・東京・お台場)

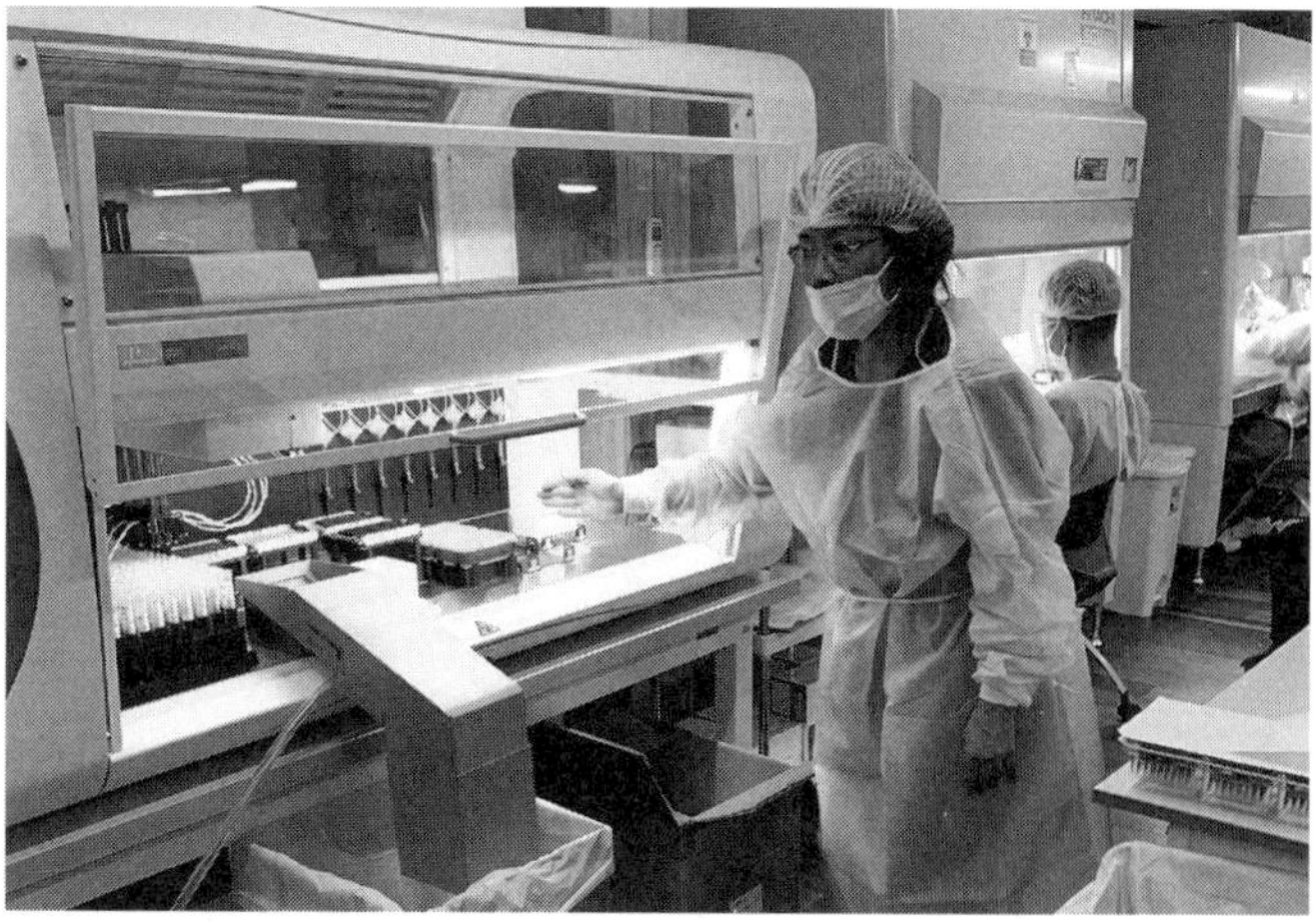

日本財団PCR検査センターの内部。検体は自動処理される

トで、すでに計八十億円余りの資金を投入したことを明らかにしたうえで、第四弾プロジェクト（ＰＣＲ検査の無料提供）の予算は第三弾（約五十億円）を上回る規模（２０２1年9月現在で五十六億三千万円）にもなると述べた。異例ともいえる多額の支援（予定）金額にあえて言及したのは、コロナ禍についての日本財団としての危機意識と取り組みの覚悟を強調したかったからだろう。

２０２1年の年明けとともに、新型コロナウイルス禍はさらに拡大しそうな様相を見せた。

東京では1月7日、当時としては過去最多の二千四百四十七人の新たな感染者（のち二千五百二十人と訂正）が報告されている。ショッキングな数字だった。

これを受けて政府は1月8日、東京、神奈川、千葉、埼玉の四都県を対象に2月7日までを期限として、コロナ禍対策としては二回目の緊急事態宣言を発令した。宣言の対象には1月13日、栃木、愛知、岐阜、京都、大阪、兵庫、福岡の七府県が加わり、十一都府県に。二回の延長を経て、宣言が全面的に解除されたのは3月21日だった。

こうした状況下の1月19日に行われた記者会見で、笹川は警鐘を鳴らした。

「一回目の緊急事態宣言（２０２０年4月7日～5月25日）の時に比べると、国民は全般的に緊張感を欠いている。今回の緊急事態宣言がどういう意味をもつのか。しっかりと理解する必要があります。私はこの緊急事態宣言は、国連難民高等弁務官を十年間（１９９１～２０００年）務められた緒方貞子さん（２０１９年死去）がかつて提起された、人間の安全保障、つまり、日本国民一人ひとりの命にかかわる問題だと受けとめています。そういう観点から見ると、今回の緊急事態宣言の下での日本国民の行動は慎重さを欠いている」

確かに、緊急事態宣言が再び発令されたのに、繁華街の混雑ぶりが目立っていた。多人数での会食や宴会を自粛できなくなった人が増えてきたようだった。笹川は、広がり始めた気のゆるみに注意を促しつつ、感染拡大の防止に最も効果的な方法を提起した。

「コロナに対する抵抗力が最も弱いのはお年寄りです。ですから、いかにして高齢者の感染リスクを減らすかがポイントになる」

笹川が注視したのは、コロナ禍の収束が見えない中、養護老人ホームや介護医療院など高齢者が多い施設で、職員らの感染を発端にクラスター（共通の感染源を持つ集団）が頻発している現象だった。

例えば、大阪府によると、２０２０年10月10日から２０２１年２月８日までに、高齢者・障害者施設の計百二十六カ所でクラスターが発生し、二千三百二人が感染していた（2021年2月10日、産経WEST）。

高齢者施設で働いている人は、高齢の入所者と高密度で接する機会が多いにもかかわらず、医療機関のスタッフと比べた場合、コロナ対策の知識や経験が乏しいことは否めない。また、自分自身が感染したり、ウイルス媒介者となってしまうことへの不安も抱えている。

そこで、これら高齢者施設のクラスターを食い止めるのに最も効果的な手立てとして日本財団が思いついたのが、高齢の入所者と日々接触する職員に対し、定期的なPCR検査を無料で提供する支援事業だった。

■エッセンシャルワーカー

PCRは、ポリメラーゼ（P）チェーン（C）リアクション（R）の略称だ。今回の新型コロナウイルス禍によって、「PCR検査」は老若男女を問わず人々の間に最も浸透したアルファベット混じりの単語となった。

新型コロナウイルスに感染しているかどうかを調べる検査だということだけは、誰もが知っている。何でも、ウイルスの遺伝子が増幅する時に働く酵素を使ってウイルスの存在を検知するのだそうだ。

繰り返すが、高齢者施設におけるクラスター発生の始まりは、スタッフに起因するケースが非常に多い。そして、感染した高齢者は重症化する恐れがあるという。

そこで、定期的にPCR検査を行うことができれば、無症状の感染者や軽症者の早期の発見が可能となり、クラスターの回避と周辺医療機関の医療崩壊の防止、さらには医療スタッフとその家族の感染不安の解消につながる。こうした日本財団の考えをアピールしようと、笹川は記者会見で、２０１８年のノーベル生理学・医学賞受賞者の本庶佑《ほんじょたすく》博士が「日本ではもっとPCR検査を普及させるべきだ」と力説していることを紹介したりしている。

実際のところ、PCR検査は、思ったほど積極的に活用されていないようである。その理由の第一は、高額の検査費用にあると言わざるを得ない。

制度上、PCR検査は無料で受けられる仕組みにはなっている。新型コロナウイルスの感染拡大を受け、厚生労働省はPCR検査の保険適用を決め、２０２０年3月6日に通知を発出した。それによると、一回のＰＣＲ検査にかかる費用は検査判断料を合わせて一万九千五百円とされ、これは公費と健康保険で全額が負担される。

ところが、ＰＣＲ検査への保険適用はウイルス感染の疑いがあるとの医師の判断が前提となっているのだ。現実には保健所などに設置された「帰国者・接触者相談センター」に相談するなどの手続きを経て医師の判断を仰ぐ必要がある。しかし、まったく無症状の人がいきなりＰＣＲ検査を受ける場合は自由診療扱いとなるから、全額自己負担となってしまう。

無症状の人が自費でＰＣＲ検査を受ける場合、実際にどのくらい費用がかかるか。民間の診療所だと検査一回につき二～四万円かかる（２０２０年6月17日、日本経済新聞電子版）といい、「診断書付きで三万三千円」というケースもあった。これでは高齢者施設で働くスタッフが自己負担でＰＣＲ検査を受けたり、施設が費用を肩代わりするのは難しい。

日本財団はそこに支援の手を差し伸べた。一週間に一回程度のＰＣＲ検査を無料で提供することにしたのだ。差し当たって対象としたのは、東京都内に一万カ所以上はあるとみられる高齢者福祉施設で働く人たちである。

高齢者福祉施設といっても、さまざまな目的に合わせた多種多様な機能を備えた施設があり、簡単に一くくりにできない。

例えば、

▽特別養護老人ホーム＝六十五歳以上の高齢者で、身体上または精神上の著しい障害から常時介護を必要とし、在宅生活が困難な高齢者に対し、入浴・排泄・食事などの日常生活の世話や機能訓練などを行うことを目的とした施設。

▽養護老人ホーム＝環境上の理由や経済的な理由から家庭での生活が困難な六十五歳以上の高齢者を擁護することを目的としている。

▽軽費老人ホーム＝家庭環境、住宅事情などの理由から居宅で生活することが困難な高齢者が低額の料金で入所し、食事の提供など日常生活上の必要な便宜を受けることができる施設。

▽介護医療院＝医療機能と生活施設としての機能を兼ね備える

▽認知症高齢者グループホーム＝認知症の高齢者が専門スタッフの援助を受けつつ五人から九人単位で共同生活する介護福祉施設

このほかにも、介護老人保健施設や介護療養型医療施設などがある。

これらの高齢者福祉施設の現場に目を向けてみると、じつに多種多様な職種の人たちが働いていることがわかる。

最も多いのは介護スタッフだ。むろん医師や看護師が常駐する施設も少なくない。リハビリを担当する機能訓練指導員もいれば、栄養士や生活相談員もいる。さらに、食事の準備やあと片づけ、洗濯などの仕事がある。

このように高齢者の施設で医療・福祉・介護の垣根を越えた多様な領域で働く人たちを日本財団は「エッセンシャルワーカー」と位置付けた。「必須の働き手」である。その総数は東京都だけで約二十万人にものぼるという。

高齢者福祉施設のライフラインを担っている、この人たちがコロナに感染し、日常接しているお年寄りにうつったりすれば、施設でクラスターが発生し、ひいては医療崩壊が引き起こされてしまう。

コロナ禍によって、われわれは、これまで見過ごしていたエッセンシャルワーカー群像の存在を知らされたのだ。

■東京から首都圏へ

日本財団によるコロナ禍対策の第四弾プロジェクト「高齢者施設従事者への無料ＰＣＲ検査事業」は当初、お台場の「日本財団災害危機サポートセンター」の敷地内に大量の検査機器を備え、多数の技師を集めた「日本財団ＰＣＲ検査センター」を設置し、自前で運営していく計画だった。

ところが、２０２１年2月24日、日本財団は計画の修正を明らかにしている。

それによると、ＰＣＲ検査センターの運営方法をコストや効率性の観点から思い切って見直すことにした。当面はＰＣＲ検査で実績をもつ「木下グループ」（東京・新宿区）に作業を発注し、同グループのラボを中心に検査を運営していくことにした。検査は全般的に、東京大学先端科学技術研究センターの田中十志也特任教授の監修を受けることになっている。

無料提供のＰＣＲ検査は、次のような流れで進んだ。

①　日本財団の公式サイトを通じ、高齢者施設側が検査を申し込む（締め切りは8月31日）。

② 各地の配送拠点で検査キットの受け渡し。
③ 高齢者施設で検体（唾液）を採取。
④ キットを受け取った配送拠点で、検体を提出。
⑤ 各高齢者施設へ検査結果の通知。
⑥ 陽性者がいれば、提携医療機関等への受診へとつなぐ。濃厚接触者への検査も実施。

日本財団災害対策事業部によると、この無料PCR検査事業の検査件数は2月下旬の開始時は一日五千件程度だったが、段階的にペースを上げ、一日最大で二万件をこなす計画を立てた。

事業の対象地域・施設数について、日本財団は1月19日の記者会見では「東京都内の約二千五百施設」としていたが、その後「東京都から開始して埼玉県、千葉県、神奈川県へ順次拡大する」と説明し、対象施設を「一都三県九千九百四十五施設」とする方針を示した。お台場に日本財団PCR検査センターが完成し、6月から木下グループの技師が常駐するようになると、検査能力が大幅にアップしている。日本財団は、プロジェクトに次のようなスローガンを掲げた。

「高い頻度でPCR検査を無料提供することで、重症化リスクの高い高齢者施設でのクラスターを防ぎ、命を守る」

東京2020オリンピック・パラリンピックという歴史に残るスポーツのビッグイベントを支援し、かつコロナ禍から首都圏を守る。気迫を込めたスローガンであった。

■日本財団を活用してほしい

日本財団の社会貢献活動は大きな壁に突き当たることが少なくない。その中でも新型コロナウイルス禍と闘う今回の取り組みは、日本財団の思う通りにいかないことが多かった。

ほぼ連日、ネット上で発信され、更新されている「笹川陽平ブログ」の2021年4月13日付エッセーには、行政に対する要望、というより、強い要求が詰め込まれていた。

《「コロナ対策　これで良いのか」

——PCR検査の徹底を》

日本財団の会長として、笹川陽平は直言している。

「日本財団は既に記者会見で発表したように、一都三県のエッセンシャルワーカーといわれる高齢者施設で介護をされる方々を中心に無料検診を実施している。一都三県の高齢者施設（の職員）は、東京都の一万七百一施設、約二十万人を含め、二万三千九十九施設で約五十六万人である。日本財団の無料検査を大いに利用してもらいたいが、今のところ（行政の方から）積極的に活用せよとの指導も案内もない」

新型コロナウイルスの新たな感染者数だけを公表し、PCR検査の人数を公表しないのは、都民や県民をいたずらに不安にさせるだけだと笹川は思っている。笹川によれば、日本財団が始めた高齢者施設のエッセンシャルワーカーへの「無料PCR検査事業」の対象になったのは3月1日から4月11日までの間では千三百二十九施設、四万七千九百五十九人にとどまった。このうち、陽性者は十三人、検査実施人数に対する陽性率は0・03％であったという。

なぜ東京都をはじめ三県は、日本財団のPCR検査の存在を積極的に周知徹底させ、さらに陽性判明後の後方支援策打ち出さないのか。笹川は不思議に思っていた。

その理由について筆者は、PCR検査で陽性者が出た場合、施設側は代替スタッフのやりくりに困って施設の運営に支障をきたす現実に直面するからだという指摘を耳にしている。しかし、だからといって、検査を受けないというのは、まさに本末転倒ではないだろうか。

東京都は２月、高齢者施設の職員や入所者を対象に、郵送の検査キットを活用したＰＣＲ検査を実施したが、４月２日の定例記者会見で小池百合子知事はさらに一歩進んだ施策を打ち出した。新型コロナウイルスのクラスター発生を防止するため、４〜６月の間に高齢者施設では職員を対象に月一回のＰＣＲ検査、病院では医師や看護師らを対象に週一回の抗原検査を実施するとの計画だ（２０２１年４月２日、産経ニュース電子版）。

東京都のこの取り組みは日本財団の「高齢者施設従事者への無料ＰＣＲ検査事業」とうまく連動し、実効性が上がると期待された。

笹川は、ブログではこう呼びかけていた。

「東京都、神奈川県、千葉県、埼玉県の最高責任者に申し上げたい。コロナで最も危険率の高い老人、及びそこで働くエッセンシャルワーカーのＰＣＲ検査は、人道的立場に立って日本財団の無料検診を利用するよう徹底していただきたい」

日本財団による無料のＰＣＲ検査事業は新型コロナウイルスのワクチン接種と並行する形で続けられた。２０２１年３月からは対象が東京都に加え埼玉、千葉、神奈川三県の高齢者施設の従事者に広げられた。

7月12日、第四回目の緊急事態宣言が発令された。宣言さなかの7月23日、東京オリンピックが開幕した。コロナ禍はさらに拡大する様相だった。

そんな状況下、日本財団PCR検査センターは黙々と作業を続けていた。8月14日現在の検査実施人数は累計九十五万五百三十五人、陽性率は0・016%。10月23日現在では累計二百二十三万八千百九十八人、陽性率は0・017%に達した。

■支援第五、六弾

新型コロナウイルス感染症の対策プロジェクトの土台づくりのためにと日本財団が呼びかけた支援募金は途絶えることなく続いた。日本財団が単独で設けた「新型コロナウイルス緊急支援募金」は2021年9月13日現在、二十九億二千四百六十七万円にのぼっている。

これとは別に、日本財団がもう一つの募金活動にかかわっていることはすでに述べた。SMAPのメンバーだった稲垣吾郎、草彅剛、香取慎吾の三人がつくったグループ「新しい地図」と共同で2020年4月に立ち上げ、運営している「愛のポケット基金」である。「新しい地図」の三人は、感染症の最前線で仕事を続ける医師や看護師、その子どもたちの支援に基金を優先して使いたいと希望していた。

「愛のポケット基金」には同じ9月13日現在で四億六千三百七十四万円が集まっている。基金はこれまでに▽医療従事者が通勤時に利用するタクシーチケットの給付▽クラスター発生など緊急時に派遣される災害支援ナースに「特殊看護派遣手当」を支給▽救急医療施設である三病院へのドクターカーなどの整備支援――など日本財団が行った八つの事業に使われた。

コロナ禍に収束の兆しはまだ見えなかった。新型コロナウイルス感染症への対応では、変異種による新たな感染拡大が危惧され、医療機関の逼迫が続いていた。そこで「愛のポケット基金」と日本財団が注目したのが感染症指定病院である。これが、コロナ禍対策プロジェクト第五弾目となった。

感染症指定病院とは、感染症法に規定され、厚生労働大臣が指定する特定感染症指定病院と、都道府県知事が指定する第一種感染症指定病院、第二種感染症指定病院、及び結核指定医療機関を指す。医療の最前線を担うこれらの医療機関が崩壊すれば、社会秩序さえ崩壊してしまいかねない。

そこで日本財団は2021年4月6日から5月31日までを期限として、感染症対策の整備支援を求める全国の感染症指定病院を募集した。

6月から7月にかけて行われた審査では、申請があった施設の中から、コロナ感染患者の受け入れに積極的な病院、とくに人口百万人以上の都市、または感染者数が多い都道府県に所在する病院のうち、さまざまな条件をクリアした二百三十六施設（全国四十六都道府県）が選ばれた。

この事業に活用された新型コロナウイルス緊急支援募金は十一億三千五百三十九万円にのぼる。「愛のポケット基金」からは一億六千三百二十九万円が拠出された。ポケット基金の対象となったのは北海道から沖縄までの三十四病院。人工呼吸器や簡易陰圧装置などの医療機器、さらに医療用消耗品などの購入にあてられた。

一つのポケットに仲間の愛を入れていく「愛のポケット基金」の募金期間は2021年9月30日までとされていたが、2022年3月31日まで延長されることになった。稲垣、草彅、香取の三人は、自分たちができることがまだあるはずだと考えている。

日本財団としては、目の前のコロナ禍対策だけでなく、少し先のポストコロナ時代を見据えた、スケールの大きなプロジェクトを検討していたようである。感染症指定病院への支援の発表（7月15日）から二カ月たち、東京２０２０オリンピック・パラリンピックの試練を乗り越えた9月14日、日本財団はこれまでにはない構想を発表した。

「日本財団・大阪大学　感染症対策プロジェクト〜感染症総合研究拠点の設置に向けて」

発表資料にある事業計画の名称はやや堅苦しいが、中身を聞くと、興味深い。日本財団は次のように説明する。

今回の新型コロナウイルス感染症の流行によって、パンデミック（世界的大流行）が発生した時の社会課題が明らかになった。「経済・社会活動の維持」「感染症の予防と治療」「医療崩壊の阻止」などである。こうした課題に取り組む総合研究拠点を国立大学法人大阪大学に設ける。医学だけでなく、社会心理学や行動経済学などの観点からも研究に取り組む。国内外の研究機関や産業界とも連携し、国際的なハブの機能をもつ施設にしたい。日本財団から大阪大学へ、今後の十年間で二百三十億円を助成する予定だ。

日本財団のコロナ禍対策プロジェクトは、この大阪大学の感染症総合研究拠点の事業計画で第六弾目となる。これまで五つの支援を展開してみて、より長期的な視点で根本的な問題解決をはかる必要性を痛感したことから生まれた計画だという。

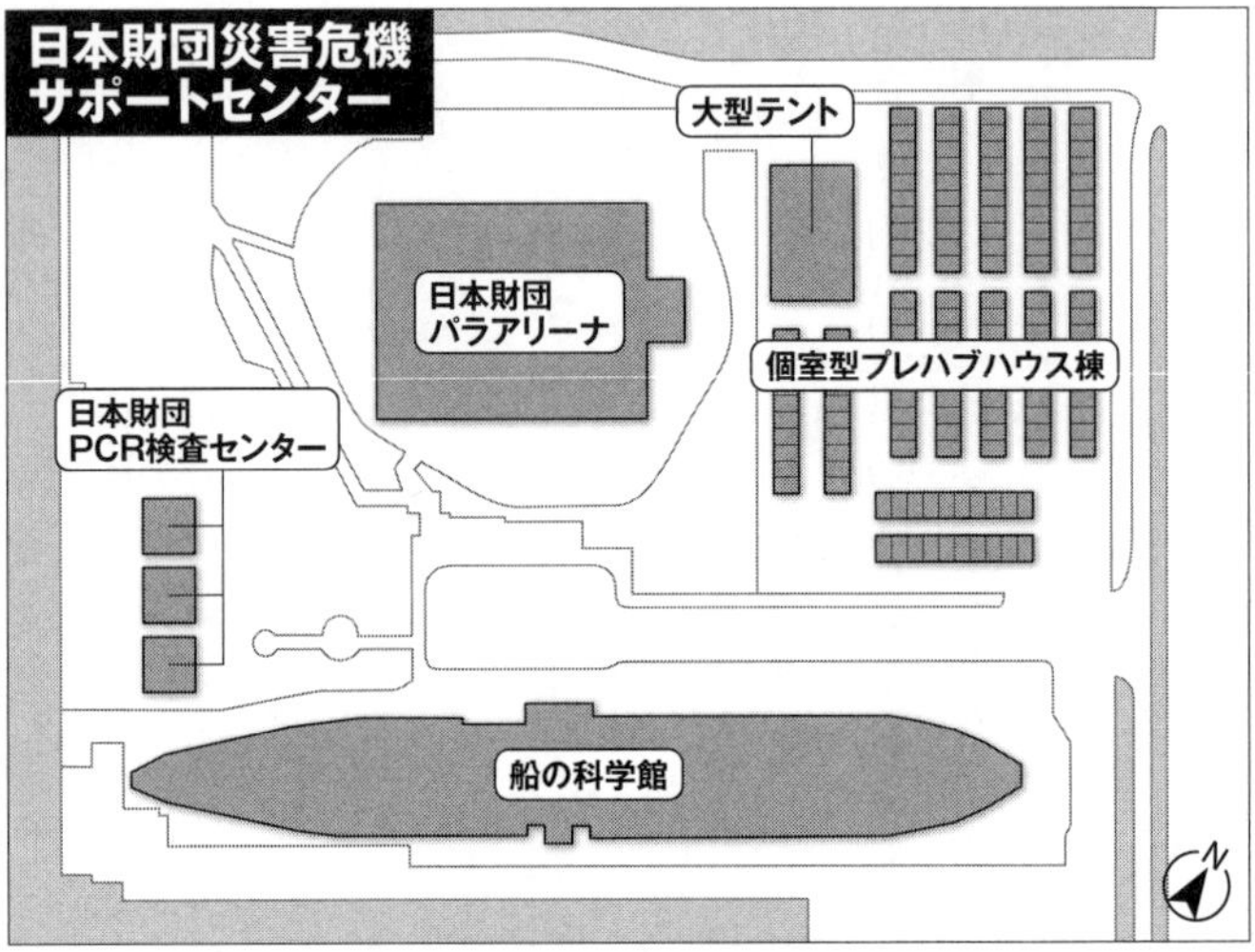
日本財団災害危機
サポートセンター
大型テント
日本財団
パラアリーナ
個室型プレハブハウス棟
日本財団
PCR検査センター
船の科学館
N

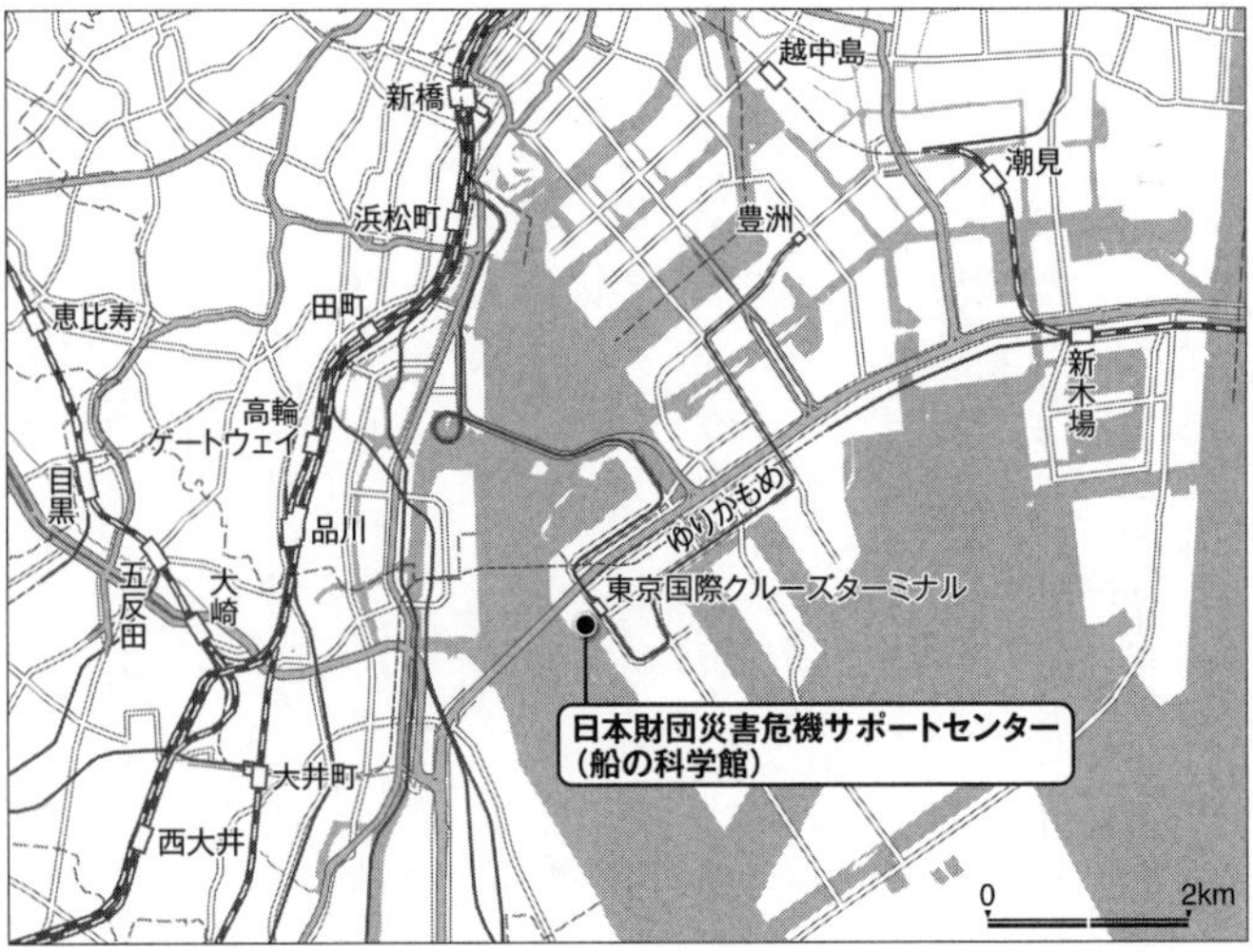
越中島
新橋
潮見
豊洲
浜松町
恵比寿
田町
新木場
高輪
ゲートウェイ
目黒
ゆりかもめ
品川
五反田
大崎
東京国際クルーズターミナル
日本財団災害危機サポートセンター
（船の科学館）
大井町
西大井
0
2km

第5章

闘いの正念場

（1）パラリンピックの試練

■パラアリーナの復活

パラアスリートにとっては、待ちに待った日本財団の発表だった。

2021年2月25日、東京・お台場の「日本財団パラアリーナ」で行われた記者会見である。メディア向け発表資料の見出しが、パラアスリートたちのはずむ気持ちを代弁していた。

《日本財団パラアリーナ、再度パラアスリートの練習拠点へ～半年後の東京2020パラリンピックに向け、4月1日より再開》

2020年4月から新型コロナウイルス感染者の宿泊療養施設として転用され、閉鎖されていた日本財団パラアリーナが、2021年4月1日からは再び元のパラスポーツ専用の施設として使えるようになるというのだ。

一年延期になった「東京2020パラリンピック競技大会」の開幕まであと半年に迫っていたこの時期、日本財団パラアリーナがその本来の機能を取り戻したのである。練習拠点の復活を切望していたパラアスリートにとって、これ以上の後押しはなかった。

しかし、日本財団パラアリーナの復活は新型コロナウイルス禍に収束の兆しが見えたことを意味したわけではない。政府がコロナ禍によって最初の緊急事態宣言を発令した2020年4月7日以降、日本国内は感染拡大の三つの大波を経て、さらに第四波の入り口にさしかかった状況のただ中にあった。

感染によるヒトの生命への脅威は続いていた。だから、手放しで喜ぶわけにはいかなかったが、パラアスリートが思う存分練習できる重要な施設は戻ってきた。日本財団会長の笹川陽平は、パラアリーナが使えなかった時の選手たちの苦労を知っているだけに、少しは胸のつかえがおりる思いで記者会見に出席したようだった。

日本財団パラアリーナをコロナ感染者の宿泊療養施設に転用することにした日本財団の決断については、その当初から、パラアスリートたちはもちろん、パラアリーナを運営する「日本財団パラリンピックサポートセンター（パラサポ）」、そして各パラリンピック競技団体が全面協力を表明したことは言うまでもない。それは「何よりも、命を優先したい」との思いからだった。

しかし、日本財団パラアリーナは単なる体育館ではない。車いすを使うことを前提に設計され、車いすバスケットボールや車いすラグビー、ブラインドサッカーなどいくつものパラスポーツ競技ができる体育館（二千三十五平方メートル）を中心に数々の運動器具を備えたトレーニング室があり、しかも無料。パラアスリートにとってはかけがえのない練習拠点なのだ。使えなくなった場合、代替の施設を見つけ出すのは非常に難しかった。

笹川と並んでパラアリーナでの記者会見に出席したパラサポ会長の山脇康も、パラアリーナの閉鎖に踏み切った一年前の苦しかった胸のうちを明かしている。

「正直に言いまして、パラアリーナの転用によって、選手たちには大変な苦労をかけてしまうなと思っていました。私どもにとってはまさに、苦渋の決断でした」

コロナ禍を克服するためのプロジェクトに、選手や各競技団体は全面協力してくれた。だから、パラアリーナを転用してつくった宿泊療養のための病床が曲折を経て、少なくとも当面は使われない見通しになったのであれば、選手たちに返すことにしたい……。

パラアリーナをつくった日本財団はパラサポと選手たちの要望を受け、施設を貸与され運営していた東京都と話し合った。そして、練習場所の確保に苦労する選手たちの要望を受け入れてパラアリーナの復活を決めたのである。

■育ての親

記者会見には東京2020パラリンピックでメダル獲得を目指す現役の男女選手二人が出席し、彼らパラアスリートにとって、日本財団パラアリーナがいかに特別な施設であるかを語った。

パラ・パワーリフティング女子55キロ級の山本恵理（1983年生まれ）は生まれつき足が不自由だが、子どものころからスポーツに親しんできた。水泳は九歳の時から始めた。カナダの大学院に留学した二十九歳の時にはパラアイスホッケーに取り組む。パラリンピックにかかわる仕事をしようと三十二歳で帰国。そして2016年5月、東京都主催のパラリンピック体験プログラムでパワーリフティングに出会い、もう一度夢を追いかけようと決意する。2019年、全日本選手権女子55キロ級で一位になった。

「2018年に日本財団パラアリーナがオープンして以来、私は通いつめました。選手としてパラアリーナに育てられたようなものです。それが、使えなくなってからは、ほとんどのパラアスリートが自宅でトレーニングをしなければならなくなり、すごく苦労しました。でも、それによって、このパラアリーナがどれだけ貴重な施設だったかに気付きました。自分自身の競技力や意識を高めるだけでなく、他の競技の選手に会って情報交換もできる。ここは交流の場でもあるのだと、強い感謝の気持ちが湧いてきました」

車いすラグビー日本代表の島川慎一（1975年生まれ）は記者会見にリモート出席した。島川は二十一歳の時に交通事故に遭い、車いすの生活に。最初はパラ陸上競技に取り組んだが二十四歳の時、試合観戦をきっかけに始めた車いすラグビーから離れられなくなった。パラリンピックは2004年のアテネから北京、ロンドン、そして、前回2016年のリオデジャネイロと四大会連続で出場。リオ大会では銅メダルを獲得。五大会連続のパラリンピック出場となる東京での金メダルを目指した。

「車いすラグビーは激しいぶつかり合いが多い競技の特性上、練習場所として使わせてもらう体育館を見つけるのがかなり難しい。なので、ほぼ毎週、パラアリーナに来ていました。閉鎖になってからは自宅でトレーニングするしかなく、なかなかうまくいかなかった。改めてパラアリーナのありがたさを感じました」

二人のパラアスリートに共通しているのは、パラアリーナが使えなくなったことをピンチとしてマイナスに受け止めているのではなく、プラス思考でとらえていたことだ。

島川は「なかなかマスターできませんでしたが、ベランダに設置したランニングマシンで、それまでは思いもつかなかった練習方法を考案しました」と話す。

　山本はこう語っていた。

「パラアリーナが使えなくて、すごく苦労もしました。でも、そのぶん、逆にどうしたら自分の競技力を伸ばすことができるのかを深く考えるようになりました。私は良い機会を与えられたと思っています」

　失ったものを嘆くのではなく、今もっているものを使って新しいやり方を考案し、パワーアップする。苦境を打開する、こうした心構えは、この二人だけでなく、すべてのパラアスリートに共通の特質であるように思える。

　東京パラリンピック大会で、島川の車いすラグビー日本代表チームは三位決定戦で世界ランク一位のオーストラリアと対戦し、60対52で完勝。見事、二大会連続で銅メダルを獲得した。

　一方、山本は2021年6月、ドバイで行われたパラ・パワーリフティングワールドカップに出場し、東京パラの女子55kg級に必要な65kgの出場資格基準の突破を目指したが、最終戦で三度とも試技に失敗し、東京パラ出場は叶わなかった。しかし、その結果についてて山本はパラサポが運営するネットメディア「パラサポWEB」のインタビューにこう答えている。

「半歩前進できました。だから、絶望ではありません」

■備えあれば患えなし

東京オリンピックと東京パラリンピックを支援した日本財団が、最も対応に苦慮した出来事は何だったか。振り返ってみると、それは、今ここで述べている問題だったのではないか。お台場の「日本財団パラアリーナ」を感染者のための宿泊療養施設（病床）に転用することを決め、パラアスリートたちが活用していた専用体育館を一時閉鎖した問題である。

もう一度、振り返ってみる。

日本財団は2020年4月3日、コロナ禍対策の緊急支援プロジェクトの第一弾として、日本財団パラアリーナの内部を改造し、宿泊療養施設を設営すると発表。約一カ月後の5月1日には体育館部分にパーテーションで仕切ったブース型の病床百床を完成させた。共同使用の洗面場と簡易トイレ、簡易シャワー室各三十基（男性用各二十一基、女性用各九基）は体育館のすぐそばに設置された。

これだけではなく、日本財団パラアリーナの施設とは別の宿泊療養施設の設営にも日本財団は取り掛かった。同じお台場の船の科学館の駐車場敷地に、応急仮設住宅タイプの個室型プレハブハウスをつくる計画である。７月16日には十四棟百四十室が完成し、９月には東京都へ施設の引き渡し（無償貸与）が行われた。東京都はペットを連れた感染者も受け入れるとし、10月から運用が開始されると、実際にペット同伴の感染者が滞在するようになったことはすでに述べた。

お台場のこれらの宿泊療養施設のうち、個室型プレハブハウスは使われた。ところが、日本財団パラアリーナのブース病床については、半年以上が過ぎても病床として活用されない状態が続いた。であるのに、元のパラスポーツ専用体育館に戻る気配もない。

パラアリーナが宙ぶらりんの状態になっている。筆者にはそれが気になって仕方がなかった。東京パラリンピックの開幕がどんどん迫ってくる。宿泊療養施設として使う見通しがないのなら、パラスポーツ専用体育館に戻すべきではないのか。

日本財団側に率直な意見をぶつけながら、担当者の説明を聞いているうち、「パラアリーナの施設が使われなかったわけ」が徐々にわかってきた。経緯はこうである。

日本財団はパラアリーナの病床も個室型プレハブハウスも当初から、あくまで医療崩壊を防ぐための臨時の施設として考え、緊急対応的に設営した。とくにパラアリーナの施設は医療施設が逼迫した時に備えた、野戦病院的なイメージの産物だった。厚生労働省も「助かります」と評価していた。

ところが、パラアリーナの病床を子細に点検してみると、パーテーションで区切っただけで、天井（高さ七メートル）部分は吹き抜け状態になっている。空調などの住環境面やプライバシーのうえでも問題が多い。被災地の避難所のような臨時施設のレベルにとどまっていた。それで東京都は結局、パラアリーナのブース病床について、「宿泊療養施設は個室の一人部屋が原則とする厚労省のマニュアルに合致しないので使えない」との判断を下したようであった。

この〝パラアリーナ問題〟について筆者は、パラ選手たちの間で「練習場所の確保に困っている」といった声が多くなった2020年11月中ごろ以降に何度か、お台場の施設整備の担当だった日本財団常務理事の笹川順平に率直な意見を聞いている。

医療崩壊を食い止める備えとして、日本財団パラアリーナに設営したブース病床を当面は維持すべきか、それとも元のパラスポーツ専用体育館に戻すべきか。

笹川順平は「あくまで私個人の意見」と断ったうえで、「選手のことを考えるならば、少なくとも2020年の末までには、パラアリーナをどうするかを決めなければならない」と言っていた。

「どこの練習場が使えるかがわからず、大会までの練習スケジュールが組めないような状態では、アスリートのパフォーマンスに大きな影響が出る。パラアリーナが使えるなら少しでも早く使わせてあげたい。使えないなら使えないで、別の練習場を探さなくてはならないから、早く決断した方がいい」

これは、選手の立場に立った一般的な意見である。そうではなく、筆者が引き出したかったのは、次のような問いかけに対する反応であった。

選手が大切にしている練習拠点を犠牲にしてでも感染患者のための施設をつくろうとした計画立案の段階では、日本財団にはそれなりの深刻な状況認識があったのではないか。

そんな推測に対し、笹川順平が発信したコメントは含蓄がある内容だった。

「ニューヨークの〝野戦病院〟よりはましな設備だとしても、パラアリーナのあの（不十分な）病床を使わざるを得ないということになれば、それはかなり深刻な事態だろうと私たちは認識していました。それでも、いざという時のために病床はつくっておいた方がいいとの判断でつくったわけです。使わずに済むようにと祈りながら、一所懸命に施設をつくっていました。矛盾していると言われるかもしれませんが、それが正直な気持ちでした」

そして2020年12月に入ると、各パラリンピック競技団体はパラサポを通じ、日本財団に対して「パラアリーナで練習させてほしい」と陳情を寄せた。このため、日本財団はパラアリーナの施設を運用している東京都と交渉に入った。そして、暮れも押し詰まった12月22日、ようやく東京都から「パラアリーナの病床は返還し、元に戻す」との合意を得たのである。

ただし、パラアリーナの練習拠点としての再開が正式に発表されたのは前述の通り、2021年2月25日である。合意から二カ月余りかかっている。

というのは、日本財団と東京都によるパラアリーナの返還交渉が行われていた12月後半、コロナ感染者は急上昇の増加傾向を示し、年明けの2021年1月7日には東京で二千四百四十七人という過去最多の感染者が報告されていた（のちに二千五百二十人と訂正）。そんな最中にパラアリーナの病床撤去を行うのが妥当かどうか。野戦病院的な施設が必要な万が一のケースにならないかを見極める必要もあったからではないか。

結局、パラアリーナのブース病床は使われることがなかった。しかし、日本財団会長の笹川陽平はコロナ禍関連の記者会見では繰り返し、こう強調していたのを思い出す。

「こういう緊急時対応のための施設は、使わずに済めば、それに越したことはないのです」

ではあるが、いざという時に備えてつくっておく。

「備えあれば患えなし」

なのである。

日本財団パラアリーナの病床は撤去されたが、東京都はお台場の駐車場敷地に日本財団が設営した個室型プレハブハウスの宿泊療養施設については運営を続け、その事務所としてパラアリーナの会議室を使っていた。しかし、パラアリーナはもとの体育館施設に戻ったため、日本財団はお台場の敷地内に新たな事務所をつくり、東京都に提供することになった。

コロナ禍と闘う東京都と日本財団の協働作業が続いた。

■ファーストペンギン

以上のように、日本財団が打ち出したコロナ禍対策のプロジェクトは、そのすべてがスムーズに展開されていったわけではない。計画の修正を迫られたプロジェクトも少なくなかった。パラアリーナの場合は、体育館部分を仕切って宿泊療養施設をつくったため、結果的には一年間、選手たちの貴重な練習拠点を閉鎖することになった。

パラアリーナの宿泊療養施設への転用を含むいくつかのプロジェクトを担当した常務理事の笹川順平に単刀直入に聞いたことがある。後になって考えると、少し意地の悪い質問だったかもしれないと思ったが、返答は即座だった。

——ご自分が担当したものも含め日本財団が行ったコロナ禍対策プロジェクトの成果を自己採点してください

「僕は八十点ぐらいをつけたいと思います」

——なぜ、合格点に達しているのか

「評価の基準は民間と行政で異なります。まず、われわれ民間側の評価基準で考えてみると、日本財団の役割・使命とは、噛み砕いて言えば、第一には『ファーストペンギン』になれるかどうかということだと思うのです。その目標をなんとかクリアしたわけですから」

ファーストペンギンとは、集団で行動するペンギンの群れの中から、トドやオットセイなど天敵がいるかもしれない海の中へ、魚を求めて最初に飛び込む一羽のペンギンのことをいう。転じて、リスクを恐れずに初めてのことに挑戦するチャレンジャー精神の持ち主に対する敬意を込めた呼称となった。

笹川順平は実際に動物園へ行き、最初に飛び込むペンギンを見て、他のペンギンが少し時間をおいてぞろぞろと飛び込むのを確認したそうだ。

「このファーストペンギンになれるかどうかということが日本財団にとってはとても重要なのです。というのは、今回のコロナ禍対策というのは、正解がないのですね。誰も経験したことがないから、正解がない。だから、まずやってみるということが本当に重要なのです。それによって、行政や医療関係者も動き始める。それでも、動かないこともあるけれど、誰かがファーストペンギンの役割を担わないと、物事は前に進まない」

前述の感染防止タクシーの開発という日本財団のプロジェクトもタクシー業界を動かしたファーストペンギンだったと笹川順平は言う。換気装置や陰圧システムを備えた本格的な感染防止タクシーはまだ多くはないが、コロナ禍によってほとんどのタクシーでは運転席と乗客の後部座席がビニールで仕切られるようになった。

日本財団がお台場に整備した災害危機サポートセンターには個室型プレハブハウスの感染者宿泊療養施設があり、高齢者福祉施設に勤務するエッセンシャルワーカーを対象にしたＰＣＲ検査センターもできた。これらの施設の存在意義について、笹川順平は次のように説明した。

「どれだけ使われたかで価値が判断できるものではありません。これらは、最悪（の事態）に備える施設なのです。まさに、備えあれば患えなしです」

いざという時、ファーストペンギンの役割を担う日本財団の施設なのだと笹川順平は強調するのだった。

（2）スポーツの力

■人間の潜在能力

日本財団はソーシャル・イノベーション（社会変革）にパラスポーツが果たす役割を非常に重視している。それがポイントだと心の中で反芻しながら、筆者は取材を続けた。

日本財団パラリンピックサポートセンター（パラサポ）の会長、山脇康も当然のように、オリンピックに合わせて開催されるパラリンピックの価値についていつも思いを巡らせ、スポーツが社会に何をもたらすかを問い続けている。山脇の経歴やパラスポーツとの出会いについての質問を話のきっかけに取材を始めた。

山脇は実業界の出身である。名古屋大学経済学部に在学中はスキー部でならした。就職活動そっちのけでゲレンデを滑走していたという。

1970年に卒業。三大海運会社の一つである日本郵船に入社し、代表取締役副社長、同副会長、特別顧問などを歴任し、2020年9月に退社している。

障害者スポーツとの出会いは、公私両面で親交があった東京ガス元会長の鳥原光憲が日本パラリンピック委員会会長を務めたことから。鳥原から「手伝ってくれないか」と声をかけられたのがきっかけだった。

鳥原は東京大学時代からサッカー選手として知られ、東京ガス入社後も同社サッカー部（現在のＪリーグ・ＦＣ東京）で活躍した。Ｊリーグの創設に尽力した人物である。

山脇は鳥原とのつながりによってパラスポーツとの縁を深めた。２０１１年に「日本障がい者スポーツ協会」の理事となったのを皮切りに、山脇は日本パラリンピック委員会の委員長や国際パラリンピック委員会の理事などを歴任。２０１４年4月から東京オリンピック・パラリンピック競技大会組織委員会の副会長を務め、２０１５年12月にはスポーツ庁スポーツ審議会の会長に就任している。

山脇康

山脇がパラスポーツの世界に強く引き付けられることになった原体験は、２０１２年のロンドン・パラリンピックの観戦だった。

「魂が揺さぶられる体験でした」

スポーツが発散する力を全身で感じた瞬間

だった。いや、スポーツに対する考え方だけでなく、人生観が大きく変わってしまうほどの衝撃を受けたという。

その時、山脇は射撃競技場で応援する観客の一人だった。日本郵船の女性社員がエアライフル伏射（男女混合）の日本代表として出場していた。田口亜希選手（1971年生まれ）である。

田口は二十五歳の時、脊髄の血管の病気を発症し、車いす生活を送るようになった。それが、友人のすすめで始めたビームライフルがきっかけでエアライフルに取り組み、やがて日本女子射撃界をリードする存在になった。アテネ（2004年）、北京（2008年）、そしてロンドンと三大会連続でパラリンピックに出場した実力者である。

（注＝東京2020聖火リレーの公式アンバサダーをつとめた田口は2021年6月からは日本オリンピック委員会の理事となった）

射撃とは、どのような競技か。例えば、10メートルエアライフル伏射。10メートル先の、直径わずか0・5ミリの標的の中心を目がけて五十分から六十分の間に六十発の弾を撃ち続け、得点（六百点満点）を競い合う。田口はサラリと「技術と精神力の競技です」と表現したが、一発でもはずせば、まず決勝には進めない。すさまじいほどの集中力が求められる。

アテネでは七位、北京では八位入賞を果たした田口だったが、ロンドンの10メートルエアライフル伏射では四十四位、50メートルエアライフル伏射では二十二位という残念な結果に終わっている。それでも、決勝に進んだ選手たちと田口の実力は紙一重の差だったと、目の前で試合を見た山脇は実感した。何より驚いたのは、ふだんは穏やかな笑顔を絶やしたことがない田口が射撃で見せた、闘争心、そして超人的な集中力である。

「田口選手を見ていて、パラリンピックは、単なるスポーツではないと思った。射撃に限らず、障害者がハンディに負けず、義足とか義肢とか、車いすとかを使って一所懸命頑張っているのを見ると、すごいという言葉だけでは言い尽くせない。どこかに障害があっても、他の機能している部分を駆使して、欠けている部分を見事に克服している。そういう、人間の潜在能力のすごさに気付かされ、驚嘆したのです」

障害がかわいそうだから同情的に応援するのではない。すごい、と魂を揺さぶられた、だから声援を送るようになったと、力を込めて山脇は語る。

「僕ら健常者はたぶん、自分の潜在能力のせいぜい三、四割しか使えていない。でも、パラリンピックに出場するような選手は皆、どこかの機能が失われても、それをカバーするために100%以上の潜在能力を稼働させることができるのだと思う」

なぜ、パラスポーツ選手を応援するのかと聞くと、山脇はすぐさま答えた。

「パラリンピックで金メダルをとった選手には共通点があると断言できます。できないことをあれこれ思い悩み、嘆いたりは一切しないことです。できないことはすっぱり忘れ、できることをとことん突き詰めていく。その見事な思い切り、ポジティブ思考がすごい。だから、応援したくなる」

パラアスリートはコロナ禍に正面から立ち向かっているようだと山脇は思う。結果として、東京都など競技会場がある首都圏の一都三県のすべてに緊急事態宣言が発令される中でのパラリンピックの開催となった。一年延期になって、2020年が2021年になった。それでも、コロナ禍に打ち勝った証として、東京オリンピック・パラリンピックの開催にたどり着いた顔見知りの選手たちに何らかの形で声援を送りたい。山脇は切実にそう願った。

■元甲子園球児の転身

パラサポにあって、会長の山脇康と共に新型コロナウイルス禍の中でのパラリンピック開催のために奮闘し続けたのが、常務理事の小澤直《なお》（１９７４年生まれ）である。

小澤は元甲子園球児だ。少年時代から野球というスポーツが小澤の日常そのものだった。ただし、日本財団に入るまでは、パラリンピックとの接点はなかった。

２００２年４月、日本財団に採用された小澤は国際事業や広報などの部署で経験を積み、２０１５年５月、設立されたパラサポの常務理事を務めることになった。

小澤直

小澤のパラサポ出向についてはエピソードがある。きっかけになったのは、日本財団の活動戦略について折に触れて助言を行っているクリエイティブディレクター、佐藤可士和《かしわ》の一言だった。

「日本財団には、キラーコンテンツがありませんね」

日本財団と言えばこれだ、と決め手になる、わかりやすい内容の事業がない、という意味である。

佐藤の直言を受けた日本財団では会長の笹川陽平以下の幹部、そして職員たちが知恵を絞った。そして提案したのが「パラリンピックの支援」だった。実務の采配をふるのは中堅職員がいいだろうと小澤に白羽の矢が立ったようである。それは小澤にとっても、ぜひ取り組んでみたいテーマだった。

「うまくできるかできないか、わからないけれど、日本財団はこれまで、障害者スポーツ団体の支援をしてきたし、長野パラリンピック（１９９８年）でも活動の実績がある。きっと、できる」

パラリンピックの支援といっても具体的に何をしたらいいのか。ふつうなら途方に暮れるところだが、小澤は怯まなかった。前向きの考えしか思い浮かべない性格のようだ。

取材が脇道にそれ、コロナ禍ともパラリンピックとも離れてしまいかねないが、ここはしばらく、小澤にパラリンピックとかかわり合うようになるまでの前半生を語ってもらうことにする。とくに少年時代から日本財団に入るまでの小澤の体験談は、まさに痛快なスポーツ冒険物語であった。そのエピソードの一つ一つが、すべてパラリンピックにつながっていくように思うからだ。

小澤は語る。

「物心がついたころから、スポーツとは切っても切れない道を歩いてきました」

野球少年だった小澤は、小学二～三年のころから埼玉・所沢市のリトルリーグで活躍した。父親は野球に熱中する息子の上達のためにと、庭にバッティングマシンを据え付けてくれた。

高校で甲子園に出場、大学は早稲田で、むろん野球部に入る。それが小澤が自分自身に課した最初の大きな目標だった。

進学した全寮制の中高一貫校・秀明学園（埼玉県川越市）で高校三年となった１９９２年夏、県予選の七試合すべてで逆転勝ち、「ミラクル秀明」と話題をまき、宿願の甲子園出場を果たした。小澤は捕手で四番。一回戦で強豪・天理（奈良県）に敗れはしたが、目標は達成した。悔いはなかった。

早稲田大学に合格できなかったら、「野球はやめて米国留学を目指す」つもりだったが、実力と運の両方に恵まれていたのだろう。見事合格。もちろん野球部に入り、一年生の時からベンチ入り（一軍）のメンバーになった。希望通りの道を小澤は歩いていた。

野球少年だったことがある人なら誰もが羨む経歴だろう。しかし、四年後の小澤には野球選手を続ける気はなかった。「酷使した体がボロボロになっていた」こともあるが、スポーツ選手としてではなく、スポーツビジネスで身を立てたいと思ったからだ。

卒業後、商社に入社したが、まもなく退職。今度こそ米国留学し、何か起業のきっかけをつかみたいと思った。スポーツトレーナー、あるいはスポーツエージェント（代理人）といった仕事を思い浮かべていた。

小澤は１９９７年夏に渡米。「スポーツビジネス発祥の地」といわれていた中西部のオハイオ大学大学院を目指した。大学院入学資格を得るためのＴＯＥＦＬ（英語力判定テスト）では苦闘したが、あきらめなかった。なんとか合格点を取り、１９９８年９月、目標の大学院に入学した。

修士課程では学科だけでなく、インターン（職業実習）が必修だったが、デスクワークよりフィールドワークが好きな小澤は水を得た魚のような気分になった。２００１年６月までに学科を終えた小澤はニューヨークにある米大リーグベースボール（ＭＬＢ）プロダクションでインターンに取り組むことにした。野茂英雄、イチロー、佐々木主浩ら当時の日本人大リーガーの活躍を記録したドキュメントビデオの制作プロジェクトを実習のテーマに選んだのである。

ところが、小澤が修士号取得のためのインターンに取り掛かる準備を進めていたころ、信じ難い事件が起きた。

２００１年9月11日。あの米中枢同時テロである。発生は米東部時間の11日午前8時45分ごろ。日本時間では午後9時45分ごろだった。

幸いにも、この時、小澤はまだ、ニューヨークに移ってはいなかった。所用で一時帰国していたのだ。神戸市内の友人宅で事件を知った。

テレビが次々と衝撃的なニュース映像を映し出している。ハイジャックされた旅客機二機がニューヨーク・マンハッタンのツインタワーである世界貿易センタービルに相次いで突っ込み、続いてワシントンＤＣの国防総省ビルに別のハイジャック機が突入、ピッツバーグ郊外にも一機が墜落……。小澤は愕然としながら、インターンを修了できるか、不安を募らせた。

十月に入って、小澤は事件後の騒擾がまだ続いているはずのニューヨークに足を運んだ。ブルックリンのアパートに荷物を残したままにしていたのだ。

ラガーディア空港の到着ロビーは同時テロ前より人が少ないように思えたが、マンハッタンへ向かう車は相変わらず多かった。当面の居候先に決めていた友人が働く洋装店に行って店内を観察していると、お客はふつうにやってきて、ふつうに買い物をしている。テロに対する怯えも、警戒も感じられなかった。

9・11という歴史に残る大惨事を経験しても、アメリカという国とアメリカ人は「普段通り」の生活を変えようとしない。メジャーリーグをはじめ、スポーツの試合も変わりなく開催されていた。是非はともかく、アメリカほど、スポーツが一般の人々の生活に根付いている国はないと小澤は思った。

小澤のインターン実習は9・11という大事件にもかかわらず順調に進み、日本人メジャーリーガーのビデオは高い評価を得た。小澤は修士号取得の目的を果たす。

しかし、先のことはわからない。

この2001年の秋、小澤はその後の自分自身の大きな転身につながる出来事を経験している。

日本財団との出会いである。それがなければ、小澤のスポーツにかける情熱が東京2020パラリンピックへの支援となって注ぎ込まれることもなかった。

■キャリアフォーラム

日本財団パラリンピックサポートセンター常務理事、小澤直が歩いてきた道をさらにたどってみる。

あの９・11からしばらく経ち、小澤がオハイオ大学のスポーツビジネス専攻大学院生として、ニューヨークでインターンに励んでいたころのことだ。

小澤は休暇をとり、ニューヨークからアムトラック（全米を走る鉄道）で三時間半ほどのボストンに出かけた。オハイオ大学の留学生仲間に会うためだった。

そこでは三日間にわたって、「ボストン・キャリアフォーラム」という大掛かりな就職イベントが行われていた。留学経験者らバイリンガルの人材を積極的に採用したい企業が百社以上も参加し、説明会や選考面接を実施していた。小澤は知らなかったが、日本財団は１９９５年から参加していた。

繰り返すが、小澤はオハイオ大学で修士号を取得した後はスポーツビジネスで起業したいと考えていたから、キャリアフォーラム自体にさほどの興味はなかった。しかし、ニューヨークからわざわざやってきて、留学生仲間がキャリアフォーラムの日程を終えるのを一人で待っているのも退屈だ。そこで試しに応募してみる気になった。

日本財団について、小澤はほとんど何も知らなかった。だから、怖いものなしだ。一次面接で小澤は日本財団の役員を相手に自由闊達にしゃべった。本人の記憶では「とくに野球では話が盛り上がった」という。

しかし、本気で面接を受けていないことを隠しているのは後ろめたい。小澤はタイミングをとらえて辞退を申し出るつもりだったが、二次面接は予想外の集団討論形式となり、言いそびれてしまった。小澤はその後、人事担当者から「本当に就職する気がありますか」と念押しされたが、行きがかりで、東京で最終面接を受ける約束をしてしまった。心のどこかに、何事も経験だと居直る気持ちもあった。

翌2002年2月、小澤は日本財団の役員面接を受けることになってしまった。しかし、今度こそ、ハチャメチャな対応で不採用になってやろうと、開き直っていた。

小澤はその日、青シャツに黄色のネクタイ、そして茶髪……。何ともけばけばしい恰好で面接会場に出向いた。

結果は、まったくの予想外だった。「採用」である。当時、日本財団の会長だった作家の曽野綾子、理事長だった笹川陽平が、そろって「型破りな人材」を求める傾向があることを小澤は知らなかったのだ。

「しかし、結果として、僕は日本財団の仕事に向いていない、ということではなかったのだと、今は思っています」

人生とは、わからない。小澤は、スポーツビジネスの世界で何か未開拓の分野を切り開きたいと考えていた。当然ながら、それは営利事業であるはずだった。

しかし、軽い気持ちで足を向けた就職イベントで、まったく思いがけない仕事を選ぶことになった。公益財団法人・日本財団という非営利事業団体の仕事である。

２００２年４月、アメリカから帰国した小澤は二十七歳で日本財団に入会する。最初に配属されたのは公益福祉部（当時）で、障害者や高齢者のために送迎サービスを行う全国の社会福祉法人などに配備する「福祉車両」の寄贈プロジェクトの立ち上げの担当となった。

「年間四十二億円という数字が記載された予算書を見て、驚きました。ふつうの非営利事業とはスケールが違うと思いました」

そして、この十数年後、小澤はパラリンピックという地球規模のスポーツイベントの支援に、非営利の財団法人の立場でかかわっていくことになった。

■チーム・パラリンピック

日本財団パラリンピックサポートセンター（パラサポ）が設立されたのは２０１５年５月である。当初は日本財団ビル（東京・港区赤坂）近くのビルに事務局を置いての発足だったが、やがて各パラリンピック競技団体と共に、より広いスペースに入居できる幸運を得る。日本財団グループの笹川平和財団が虎ノ門の新ビルに移転したのに伴い、空き家状態になった日本財団ビル四階の全フロア（千三百平方メートル）を利用できるようになったのだ。

パラリンピック競技団体が日本財団ビルに集まり始めたのは四階フロアの改装工事が完了した２０１５年11月ごろからである。パラサポ常務理事の小澤直は「ただし、ですね」と当時のことをありのままに語った。各団体が一斉に引っ越してきたわけではなかったというのだ。

競技団体にとっては、これ以上はない入居条件だった。日本財団ビル四階のワンフロアにパラリンピックの二十九競技団体が集まり、共同オフィスをつくったのである。競技団体の共通業務を集約し、効率的な団体運営を推進するバックオフィス機能や必要な器材などを提供し、独自の業務に集中できる環境を整えたわけだ。そのこと自体が、パラスポーツの普及とパラリンピックに対する日本財団の熱意を物語っている。であるのに、なぜ、すぐには日本財団ビルに集まってこなかったのか。

小澤が振り返って語る。

「当時、パラスポーツ界にあっては、日本財団は言わば新参者でした。パラスポーツを支援するというけれど、どこまで後押ししてくれるのか。日本財団の本気度を測っていたのかもしれません」

最初のころ、ある競技団体の事務所を訪ねた小澤は、その団体の幹部から、次のような質問を投げかけられたことがあった。

「率直にお伺いします。小澤さんは、われわれの敵ですか、それとも味方ですか」

唐突な質問に驚いた小澤だったが、腹を割って話し合い、合点がいった。

この団体幹部が言うには、たとえば、支援を検討したいとイベントの計画を持ちかけられることがよくあったが、結局は実現せず、イベント開催のノウハウを盗まれるだけの結果になったことが多かった。そこで、「敵か、味方か」という質問になったのだという。

パラスポーツの普及と東京パラリンピックの成功のために何をしたらいいか。パラサポはすばやく動いた。新参者が信頼を得るには、スピード感をもって事に当たることが第一だと考えたからだ。

小澤らは全国のパラリンピック競技団体を片っ端から訪ね歩き、実態調査を行った。質問のポイントは、

- 事務所を持っているか
- 予算規模はどれぐらいか
- スタッフは何人か
- 最も困っていることは何か

その結果、

- 代表者の自宅が事務所になっている
- 人件費はない
- 広報や普及にかけるお金などはない

といった実情が浮かび上がった。

「こういう実態調査は以前にもあったが、調査しただけで、その次に考えるべき支援の動きにはつながらなかった」という声も聞いた。

調査によって判明した重要な点がもう一つあると小澤は指摘する。

「パラリンピックの競技団体には、横のつながりがまったくと言っていいほどなかったことです」

さらに、こんな話もよく聞かれた。メディアの記者が競技団体を取材しようと、事務所とされる場所に電話したが、誰もおらず、関係者がつかまらない。その競技の人口、これまでの実績など基本的な情報のほか、いつ、どこで試合をするのかなど日程すらわからないこともあった。

実態調査の結果が出た一カ月後の２０１５年8月末、小澤はパラスポーツの啓発やパラリンピック支援などを盛り込んだパラサポのプログラムをまとめ、全競技団体に伝えた。もちろん、日本財団ビル四階のパラサポに各競技団体がそろって事務所を構えることで、パラリンピックに向けた「協働」の取り組みを強化しようと呼びかけている。

２０１５年11月10日、大きな窓を生かした斬新なデザインが目をひくパラサポの新しいオフィスがオープンした。この日を機にパラサポに事務所を置くパラリンピック競技団体が増え始めた。翌２０１６年3月の時点では二十一団体、やがて二十九競技団体の事務所がパラサポに出そろった。

なるほど、パラサポに足を踏み入れてみると、四階のフロア全体が各競技団体のスペースごとに壁や仕切りを設けない開放的な空間になっていることがわかる。執務スペース全体が競技団体間のコミュニケーションを促す垣根のない構造になっていた。

「オリンピックは陸上とか、水泳とか、独立して強固な基盤をもつ団体が少なくないので、各競技団体が一つの建物にまとまる必要性を感じていないかもしれません。その点、パラリンピックは各競技団体の規模が小さいので、単独で活動するより一つにまとまって活動するメリットの方が大きい」

小澤は、「チーム・オリンピック」よりも「チーム・パラリンピック」の方が結束しやすい、と自負を込めて語る。

■社会を変えるスポーツ

スポーツは国家権力や人種、宗教の枠を超えた自由と平和を目指す。だから、スポーツの祭典であるオリンピックを主催するのは国ではなく、都市なのである。

そのオリンピックは今、続いて開催されるパラリンピックと併せてこそ、大会全体の歴史的価値が評価される。お金をかけたスタジアムや派手な演出の開会式が話題を集めたとしても、オリンピックに続くパラリンピックが人々に感動を与えなければ、次の時代に引き継がれるレガシー（遺産）とはならない。パラリンピックの運営にこそ、平和や人権という人類に普遍の真理に対する開催都市の取り組み姿勢が反映されるからだ。

これまでのパラリンピックで最も人々に感動を与えた大会は２０１２年のロンドン大会と言われる。この大会では「奇跡」と呼ばれる現象が巻き起こった。次のように要約できる。

- 事前に導入された障害者に関する教育プログラムの成果でパラリンピックに興味を持つ子どもが増えて空前のパラリンピックブームとなり、観戦チケット二百八十万枚が完売した。

・「Games Maker」と呼ばれた大会ボランティア七万人が運営サポートだけでなく、会場を盛り上げ、大会の成功に貢献した。
・イギリスでバリアフリー化が加速し、障害者の雇用が増えた。
・2017年にロンドンで開催された世界パラ陸上も大盛況となった。
日本財団パラサポはこのロンドン大会をモデルとし、東京大会に向けて次のような活動スローガンを掲げた。
《スポーツを通じて社会を変える
〜一人ひとりの違いを認め、誰もが活躍できるD&I社会へ〜》
Diversity（多様性）とInclusion（共生）。D&I社会は、誰もが活躍できる「適材適所」社会とも意訳できよう。
パラサポのホームページには、次のように書かれている。
「パラスポーツをしたり、見たり、知ることで、障害に対する見方や考え方が変わります。すると、あなたのD&Iへの視界は一気に開けるでしょう」
そう言われても、D&Iとは具体的にどんなことであるのかがわかりにくい。そこでパラサポが手始めに取り組んだイベントが「パラ駅伝」だった。

パラ駅伝でゴールした車いすランナー（2015年11月29日　駒沢オリンピック公園陸上競技場）
写真提供：日本財団パラリンピックサポートセンター

「パラ駅伝」はさまざまな障害のあるランナーと健常ランナー合わせて八人が一つのチームをつくり、たすきをつないでゴールを目指す。なるほど、これはわかりやすい。出場者と応援の観客が一体になりやすい競技イベントでもある。

２０１５年11月、東京・世田谷区の駒沢オリンピック公園陸上競技場で行われた第一回目の大会には東京、神奈川、千葉、埼玉など広域関東圏の十一都県から計十九チーム、百七十一人（伴走者を含む）の選手が参加、それぞれが陸上競技場と周辺のジョギングコースを駆け抜け、計約二十キロを競い合った。

第一走者は視覚障害者で第二走者は健常者、続いて車いすの走者、健常者、肢体不自由の走者、次は知的障害者、聴覚障害者、そしてアンカーは車いす走者……。障害者と健常者がたすきをつなぐ。ゴールを目前に、陸上競技場のトラックにアンカーが入ってきてからも激しい順位争いが繰り広げられ、観客スタンドから熱い声援が飛び交ったそうだ。来場者は約一万四千人にのぼった。

この中には、障害者がハンディを跳ねのけて力走する姿を初めて見た人も少なくなかった。感動が広まった。優勝した「神奈川スターズ」チームの車いす選手のコメントに実感がこもっていた。

「みんなが仲良くなり、心も一つにつながることができたから優勝できた」

表彰式の後、人気アイドルグループのＳＭＡＰが特設ステージで「世界に一つだけの花」など三曲を歌った。パラサポは、Ｄ＆Ｉ社会の実現はけっして夢想ではないと言いたいのである。

パラ駅伝はその後も、第二回（２０１７年3月）、第三回（２０１８年3月）と開催を重ね、２０１９年3月の第四回大会には十六都道府県に海外からのカンボジアチームなどを含む過去最多の二十チームが出場し、来場者は一万七千五百人、六百八十人以上ものボランティアが応援に駆け付ける盛況となった。パラ駅伝はこの四回の開催で計六万人を集めた。

第五回パラ駅伝も２０２０年３月15日、同じ駒沢オリンピック公園陸上競技場で開催される予定だった。しかし、コロナ禍の拡大によって中止せざるを得なかった。パラサポは東京２０２０大会全体の無事開催をひたすら祈った。

■名物講師の出前授業

パラ駅伝を手始めに、パラサポは東京パラリンピックを生きた教材として捉え、D＆I社会の実現につなげていく教育プログラムを次々と企画した。その代表例が小、中、高校生を対象とした「あすチャレ！」プログラムだ。「明日へのチャレンジ」をもじって、「あすチャレ！」である。

それは、パラアスリートが講師となって学校に出向いて繰り広げる、ユニークな出前授業だ。九十分の授業は、パラ競技のデモンストレーションと子どもたちが参加するパラスポーツ体験、そして、講師が自らの体験で身につけた考えを語る講話――といった三部構成になっている。

子どもたちにしてみれば、パラアスリートのパフォーマンスを目の前で見て、自分たちもやってみる。そしてアスリートの話を直に聞けるのだ。そんな直接体験によって、これまでのパラスポーツ観が一新される可能性がある。障害を能力の欠如としてではなく人間の多様性の一つだと受け止める。そうすれば、障害が強さにもなり得ることを感知できるのである。

「あすチャレ！」の立ち上げに大きな役割を果たしたパラアスリートがいる。2000年のパラリンピック、シドニー大会で男子車いすバスケットボール日本代表チームのキャプテンを務めた根木《ねぎ》慎志《しんじ》（1964年生まれ）である。

高校三年生の時、交通事故に遭い、車いす生活を送るようになった根木は一時失意のどん底にいた。しかし、知人の勧めで車いすバスケットボールを始めたことで自分を取り戻す。根木は選手として活躍する一方、「出会った人と友達になる」ことを人生のテーマに掲げた。具体的には全国各地の小、中、高校を訪れ、講演やパラスポーツの体験授業を行ったのである。それが現役引退後も続いた経緯から、パラサポは根木に対し、「あすチャレ！」のプログラムの開発メンバーになってほしいと協力を呼び掛けた。根木の活動は評価され、2016年には法務大臣表彰（ユニバーサル社会賞）を受賞している。

「あすチャレ！スクール」の出前授業の一コマ。車いすバスケットボールに夢中になる子どもたち（2021年4月　東京都小平市立小平第六小学校）
写真提供：日本財団パラリンピックサポートセンター

「パラサポＷＥＢ」（２０２０年7月17日）に掲載されたインタビュー記事には、根木が「あすチャレ！」の名物講師となる経緯が詳しく書き込まれている。

記事によると、そもそも根木が学校を訪ねて講演をするようになったきっかけは、事故後、車いす生活の辛さや悩みを聞いてもらった中学時代の恩師のアドバイスだった。

「悩みを解決するには、社会を変えないといけないよ。そのためには未来を作っていく子どもたちに伝えていくことが重要だろう」

根木の講演は最初のころ、街にはバリアが多すぎることなど、障害者側の苦労を訴える内容が多かったが、回数を重ねるにつれ、講演はパラスポーツを題材にしつつも、中身は

「人間のもつ可能性」についての話に変化していった。

なぜ、そうなったのか。根木はこう語っている。

車いすバスケットボールの選手になってまだ間もない二十代のころ、ある小学校での講演にたまたま競技用の車いすで出かけたことがあった。競技用の車いすはふつうの車いすよりも格段に優れた運動性能がある。その競技用でサーっと体育館を一周して見せたら、子どもたちが「すげー」「かっこいい」と褒めてくれた。

気を良くした根木は、今度はバスケットボールを手にし、ゴールに向かってシュートして見せた。ところが、まだバスケットを始めたばかりのころだ。力んだこともあって、何回シュートを試みてもボールはゴールからはじき返される。成功したのは、なんと十一本目。根木にとっては苦い初ゴールとなった。

それでも、子どもたちが「わーっ」と大歓声を上げた。「かっこいい」という。この反応に根木は感動した。

「講演で障害の辛さを話していた時の僕は、かわいそうでサポートされる側の人間だと思っていたし、世の中の人もそういう目で見ていたと思います。でも、十一本目にシュートを成功させた時、僕は子どもたちにとって憧れの存在に変わった」

子どもたちに認められたことによって、根木は車いす生活になって以降ズタズタになっていた自尊感情や自己効力感を取り戻すことができた。自尊感情とは、自分には価値があるのだと自分自身を肯定する感情である。自己効力感とは、何かをしようとする時に、自分はそれがうまくできると思える自信のことだ。

「障害の大変さを伝えることもすごく大切だけど、同じように人間の可能性について伝えることも重要なのだってことに気づいたのです」

根木はこの時、誰にでも輝ける瞬間があることを一生かけて子どもたちに伝えようと思ったそうだ。以来三十五年余り、根木は全国計約三千六百校の小中高校・特別支援校を訪れ、のべ八十万人もの子どもたちの前で講演し、体験授業を提供した。２０１６年から始まった「あすチャレ！」プログラムではむろん、最も人気の高い名物講師となった。

「あすチャレ！」の講師には、根木の他にも次のような輝かしい実績をもつ個性的な人材が多い。

神保《じんぼ》康広（１９７０年生まれ）＝同じ車いすバスケットボールの元日本代表で、１９９２年バルセロナ、96年アトランタ、２０００年シドニー、04年アテネのパラリンピックと四大会連続で出場した。米国留学で障害者スポーツの指導法を学び、全米車いすバスケットボール協会（NWBA）の一部チーム「デンバーナゲッツ」でプレーし、全米選手権ベスト4の実績を残した。この後、青年海外協力隊でマレーシアに渡り、車いすバスケットの普及活動を行った。日本パラリンピック委員会の派遣事業でアフリカのジンバブエに出向き、活動したこともある。目標は「スポーツで世界中を一つにしたい」。

永《なが》尾《お》嘉章《よしふみ》（1963年生まれ）＝高校一年生の時にパラ陸上（レーサー）競技を始め、風を切るそのスピード感に魅了された。「個人種目でのメダル獲得」を目標にパラリンピックへの挑戦を続け、パラ陸上界のパイオニア的存在となる。1988年のソウルを皮切りに、パラリンピックで日本人最多の七大会出場を果たし、アテネ大会では4×400m（T53／54クラス）で銅メダルを獲得。世界選手権など国際大会でも優勝、上位入賞を果たした。「超人」「ラストサムライ」などのニックネームがある。「何事もあきらめず、何でもチャレンジ」がモットー。

加藤正（1969年生まれ）＝パラリンピックには1988年のソウル（夏季）が競泳、1998年の長野（冬季）はスピードスケートなど夏冬合わせて五回出場したマルチアスリート。小学二年生の時、骨肉腫で左脚大腿部を切断したが、「やってみたいと思ったら、やらずにはいられない性格なので今までにいろいろなスポーツを経験した」という。長野パラリンピックのアイススレッジスピードスケート男子では、500mと1000mで銀メダル、1500mでも銅メダルを獲得。続く冬季の2002年ソルトレークシティ、2006年のトリノではパラアイススレッジホッケーに出場するなど活躍した。このほか、車いすバスケットボールでは全国身体障害者スポーツ大会に長野県代表として、1985年以降の七大会に出場している。講演のタイトルは「自分を表現する武器をみつけよう」。

■驚異的な参加人数

2016年4月、パラサポが始めた「あすチャレ！」プログラムは前述のように、全国の小中高校・特別支援学校からの申し込みを受け、日程を決めて講師が出向いていく出前授業（九十分）だ。学校側は学習指導要領に基づく教育プログラムの一環として行っている。

子どもたちはパラスポーツを体験し、パラリンピックをより深く知ることによって障害者が抱える問題を正しく理解するようになる。それだけでなく、子どもたちはパラアスリートの貴重な体験談から、より良い人生のヒントを学び取る。

そのためのプログラムなのだから無料で提供することも可能だったかもしれないが、「共助」の考えに立つ日本財団パラリンピックサポートセンターの常務理事、小澤直はあえて〝授業料〟をいただくことにしたという。

「お金を払ってでも子どもたちに体験させたいと学校の先生方に思わせるほど魅力的な出前授業にしてみせるつもりでしたから。でも、学校側の予算が乏しいことは承知です。だから、授業料は一回につき一律三万円にさせていただきました」

もっとも、三万円では出前授業の経費はとうてい賄えない。そこでパラサポは協賛企業の日本航空と交渉し、2017年度からは講師やスタッフの航空機での移動や授業で使う競技用具の空輸などの各種輸送費を日航に全面支援してもらうことになった。2021年度からはブリヂストンも協賛企業となった。

こうしたサポート体制によって、「あすチャレ！スクール」の出前授業依頼は絶え間なく続き、2016年度の実施校は百十六校（児童・生徒一万八千五百七十五人が参加）、2017年度は二百六十三校（四万二千七百四十一人）、2018年度は二百九十六校（四万六千二百五十三人）、2019年度は二百八十七校（四万千八百八十九人）にのぼった。さらにコロナ禍の影響を受けた2020年度にあっても百三十四校（一万二千五百五十九

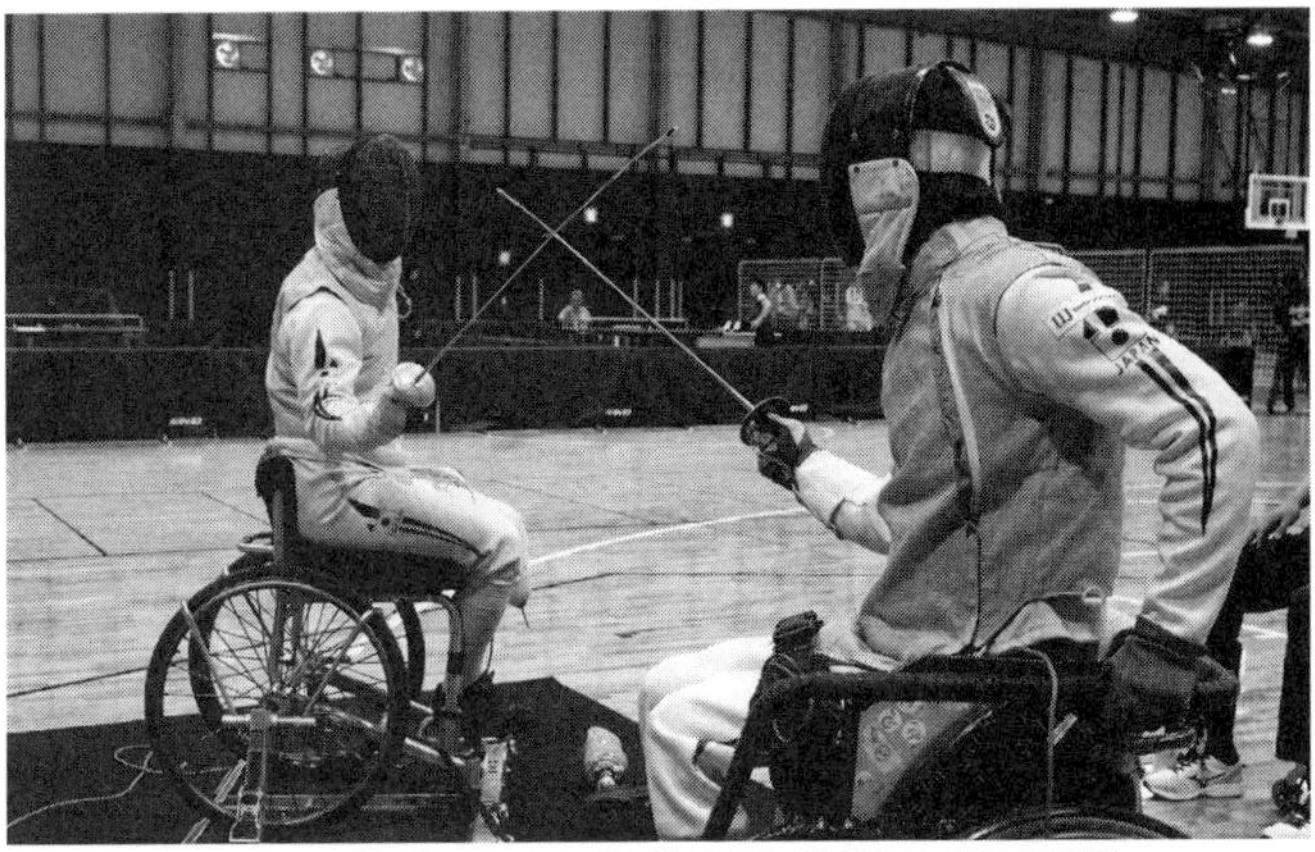

日本財団パラアリーナで車いすフェンシングの練習をする選手たち（2018年6月）
写真提供：日本財団パラリンピックサポートセンター

人）を数え、２０１６～２０２０年度のトータルでは千九十六校、十六万二千十七人という記録を残した。

地域的な広がりで見ると、２０１９年２月の段階で全国四十七都道府県でのプログラム実施が達成された。また、同年7月には、シンガポールの日本人学校でも授業が行われている。ちなみに出前授業の実施千校（十五万三千四百四十一人）が達成されたのは２０２０年10月20日であった。

東京パラリンピックを前に、全国の学校で展開されているパラアスリートによるユニークな出前授業「あすチャレ！スクール」について、パラサポの活動の取材に取り掛かる前の筆者はほとんど何も知らなかった。調べてみてわかった実施校の数や受講生の数は、いずれも驚きの数字であった。

出前授業の申し込みが絶えないのはなぜか。小澤はこう説明した。

「一つには、講師たちと話し合って、福祉っぽい話、固い話の授業にはしない、と申し合わせていることがあるのではないでしょうか。どの講師の授業も、理念や哲学よりも、まずパラアスリートってすごいなと思わせることから始まることが多いようです。子どもを引き付けることがポイントですから」

小澤によれば、「以前の私たちには、障害者はかわいそうだから、助けてあげなければならない」という上から目線で障害者問題にアプローチする傾向があった。そうではなく、障害者と対等の立場に立つことが肝心だと小澤は思う。障害の有無にかかわらず、「困っている人がいたら、サポートしよう」と自発的な行動を促す。そうした考えを柱にしていることが出前授業の人気の秘密ではないかという。

複数回にわたって「あすチャレ！」の出前授業を申し込む学校も少なくない。大阪のある小学校を再訪することになった講師は二回目の訪問の時、授業会場となる体育館の入り口に手作りのスロープ台が置かれてあるのに気づいた。第一回目の訪問の時にはなかった。車いすの講師のために子どもたちがつくったのだが、このスロープ台のプレゼントは、「あすチャレ！」の授業ですごいパフォーマンスを披露してくれた講師に対する尊敬の念から生まれたものだ。

日本財団パラサポは、東京パラリンピックを契機に「スポーツで社会を変える」をスローガンに掲げた大きな運動を推進している。目標は、「一人ひとりの違いを認め、誰もが活躍できるＤ＆Ｉ社会」の実現である。

その実践例として「パラ駅伝」と「あすチャレ！スクール」について紹介したが、スポーツを軸にして障害者を理解し、社会を変えようとするパラサポの教育プログラム（Ｄ＆Ｉプログラム）は盛りだくさんである。ざっと紹介すると、次の通りだ。

▽「あすチャレ！アカデミー」＝大学生以上、企業・自治体などを対象に、障害当事者の話を聞きながら、障害者との接し方を学ぶ研修スタイルのプログラム（２０２０年度までの累計でのべ五百六回、二万千五百四十人）

▽「あすチャレ！ジュニアアカデミー」＝対象が小中高校生で、学校への出前授業となる点では「あすチャレ！スクール」と同じだが、パラスポーツの体験よりも、障害そのものについて当事者の講師の話を聞くことに重点を置いている（のべ四百二十一回、四万四千六百六十五人）

▽「あすチャレ！メッセンジャー」＝対象は企業・団体など誰でも。パラサポ独自のスピーチトレーニングプログラムを修了したパラアスリートやパラスポーツ指導者が多彩なテーマで講演を行う（百五十八回、三万三千八百九十六人）

▽「i enjoy!パラスポーツパーク」＝障害の有無にかかわらず、子どもも大人も皆が一緒に楽しめるイベントを提供する。複数の競技が体験できるようにしたい。企業や自治体向け（二十四回、五万六百人）

これら一連の教育プログラムの企画、準備はパラサポが行うが、参加費用は基本的に申し込み者の負担になる。いずれにせよ、２０１５年のパラサポ設立以来、各プログラムへの参加申し込みは間断なく続き、２０２０年度末までの申し込み回数は八つのプログラムでのべ二千三百三十二回、参加者は四十万四千七百七十七人にのぼっている。

繰り返すが、ちょっと驚かされる数字である。教育の現場で、障害者スポーツへの関心がこれほど高まっていることを、筆者は承知していなかった。

（3）コロナニ負ケズ

■パラサポの存続

「スポーツによる社会の変革」を理念に掲げ、2015年に設立された日本財団パラリンピックサポートセンター（パラサポ）は、東京2020パラリンピック競技大会（2021年8月24日～9月5日）終了後の2022年3月末までの時限的な組織とされてきた。ところが、新型コロナウイルス禍の収束の兆しが見えないまま、パラリンピックの開催まであと半年に迫った2021年2月、その方針が大きく変わった。

日本財団会長の笹川陽平は2月9日付の毎日新聞朝刊のインタビュー記事で、パラサポを期限付きではなく恒常的に運営していく考えを明らかにしている。

「新型コロナウイルスの感染拡大で競技団体の運営は厳しさを増しており、支援を続けることにした」

パラサポは財源やスタッフの確保など運営面で脆弱さを抱えるパラリンピック競技団体の支援を目的に日本財団が約百億円を拠出して設立した。すでに述べたように、共同事務

日本財団パラリンピックサポートセンターの事務局。各競技団体の垣根を取り除いた構造になっている

所の無償提供に加えて、経理や翻訳、広報などの業務の代行などで組織運営を後押しし、さらにパラスポーツ専用体育館「パラアリーナ」を選手たちに無料で提供した。パラサポの予算は事業・管理総額で2019年度、2020年度はいずれも二十億円を超えている。

毎日新聞のインタビューに対し、笹川は「国から助成金を得るにふさわしい団体と認知されるためにも経理、財務などのバックオフィス業務を支援するパラサポの存在は有効だ」などと述べている。

パラサポの存続については、会長の笹川だけでなく、理事長の尾形武寿も折に触れて「存続させるべきだ」と発言し、日本財団の組織あげての支援体制を示していた。

日本財団の活動のルーツをたどると、1962年の設立当初から事業理念の一つに障害者が参画する「共生社会」の実現を掲げている。障害をものともせず自らの限界に挑むパラアスリートは共生社会を代表する存在だ。だからこそ、選手たちを支える拠点となるパラサポは、今後も恒常的に活動を続けるべきだと笹川や尾形は考えたようだ。

パラサポはパラアスリートたちの運動能力の強化をもたらし、パラリンピック競技団体の自立を助けるだけではない。すでに紹介した小中学校での「あすチャレ！」の出前授業の実践によって、障害者スポーツや多様性・共生社会への理解といった「パラリンピック教育」の普及に大きく貢献しているのだ。

根拠となるデータがある。日本財団と順天堂大学が共同して、2019年11月から12月にかけ、東京パラリンピックの競技会場がある東京都内と千葉県の小中学校と特別支援学校計三千四百校にパラリンピック教育についての質問状を送り、約千八百校から回答を得た。

それによると、パラリンピック教育（パラ選手による講演やスポーツ交流などの出前授業を含む）の実施割合は小学校83％、中学校76％、特別支援学校96％。効果についての質問では「パラに関する知識や関心を高める」「スポーツの意欲向上」「障害者や共生社会への理解」といった項目の多くで肯定的な回答が80％を超えた。

注目されるのは、パラリンピック教育を継続すると答えた学校が全体の約70％を占めたことだ。学校別では、特別支援学校が84％で最も多かった。学習時間の確保や、すべての児童・生徒にどうやってパラスポーツを体験させるかといった課題も浮かび上がってはいるが、東京パラリンピックを一つの目標とした先行的な取り組みの成果ともいえる。東京オリ・パラの開催前に、パラサポはすでに一つの実績を残していたのである。

■被災地からオリ・パラへ

オリンピック・パラリンピックが成功だったかどうか。繰り返し言うが、その評価のカギを握るのは、今ではボランティア活動だと言われる。

ところで、ボランティアといえば、日本財団の代名詞のようになっている。東日本大震災などの多くの被災地にはいつも、日本財団のスタッフと共に瓦礫の撤去など復旧支援に汗を流すボランティアがいたからだ。日本財団には、被災地活動を通じて会得したボランティアの育成ノウハウが蓄積されている。

日本財団ボランティアサポートセンター（ボラサポ）の事務局長、沢渡一登（1982年生まれ）は、日本財団をハブとするボランティア活動が、その原点である災害の被災地からオリ・パラ関連プロジェクトへと舞台を広げていくのを目撃し、当事者としてかかわってきた。2017年9月のボラサポ設立時から事務局長を務め、東京2020オリ・パラの成功をもたらす理想的なボランティア像を追求してきたのである。

沢渡にとって、事の始まりは「3・11」にあった。日本財団に入ってちょうど六年目。2011年3月11日に起きた東日本大震災である。

当時、公益・ボランティアグループに所属していた沢渡は震災発生当日から日本財団ビルに泊まり込んだ。車両で被災地入りするための警察の通行許可証の申請に始まる初動の作業をこなし、八日後には救援物資を積んだミニバンに自ら乗り込み、被害が大きかった宮城県石巻市に駆け付けている（本シリーズ第四巻「災害に立ち向かう群像」参照）。

それから半年間、沢渡は石巻市と周辺の被災地で救援・復旧活動を続けた。その間、のべ千人を超す学生ボランティアの活動の調整にあたった。沢渡は「二度と得られない貴重な体験」だったとつくづく思う。

被災地での活動がすっかり日常化した２０１１年の８月末、財団本部から沢渡に突然呼び出しの連絡が入った。

「大事な仕事がある。すぐに東京に戻れ」

財団ビルに戻った沢渡は役員からまったく予想していなかった指示を言い渡された。

「オリンピック、パラリンピックに関係する新しい仕事だ」

役員の説明によれば、翌２０１２年に開催されるロンドンオリンピック・パラリンピックの日本選手団の応援協賛スポンサーに日本財団の関係団体であるＢＯＡＴ　ＲＡＣＥ（ボートレース）振興会が加わることになった。

沢渡一登

そこで日本財団としても、日本オリンピック委員会（ＪＯＣ）と共に、東日本大震災の被災地への激励を込め、スポーツに関係した復興事業の寄付集め「エール　ＦＯＲ　日本」に乗り出すことになったのだという。

寄付はもちろん、ロンドン大会の成功に結び付けて呼びかけられ▽津波で流されてしまったスポーツ用品の被災地への寄贈▽オリンピック出場経験者によるスポーツイベントの開催▽味の素ナショナルトレセン（東京都北区）へのトレーニング機材の寄贈――などに活用された。

こうした一連の活動の中で、沢渡にとって貴重な体験となったのは、東日本大震災の中心的な被災地である岩手、宮城、福島三県のジュニア選手約二十人らを引率してロンドンオリンピックを視察したことだった。

大会が終わり、ロンドン市内を見学した一行は、有名な繁華街ピカデリーサーカスを訪れた。日本でも国際ニュースの映像によく登場する馴染みの光景のはずだったが、沢渡はその場に釘付けになった。

広場に掲げられた大きな街頭ディスプレイには、立ち上がったり、車いすに乗ったりした男女八人のパラアスリートが映し出されている。ただそれだけの画像なのに、なぜか、引き寄せられた。不思議な力を感じた。

画像の真ん中には短いメッセージ。

「MEET　THE　SUPERHUMANS（超人たちに会おう）」

このディスプレイが、オリンピックに続いて行われるパラリンピックの放送権を得た英テレビ局チャンネル４のＣＭであることを沢渡はあとで知ったのだが、メッセージにある、障害者が発揮する能力を賞賛して「超人」と呼ぶ考え方に沢渡は感動した。

ピカデリーサーカスをはじめとするロンドン市内のあちこちには紫色のユニフォームを着たボランティア（ロンドン大会では「ゲームズメーカー」と呼ばれた）の姿があり、少しでも困ったことがあると、近寄ってきて助けてくれたという。

沢渡によれば、ロンドンのゲームズメーカーたちはオリンピックの終了後、こう言っていたそうだ。

「さあ、パラリンピックだよ！」

パラリンピックはオリンピックの付け足しとして開催されるのではなく、パラリンピックの方が本番なのだ。パラリンピックという、スポーツ競技のもつ力を強調する雰囲気がロンドンでは醸し出されていた。それが凝縮されていたのが、沢渡がピカデリーサーカスで見た光景だった。

「それまではパラリンピックを、弱者への思いやりというか、通俗的な福祉の観点から見ていました。そんな僕自身の価値観がひっくり返った思いがしました」

ロンドン大会翌年の２０１３年、オリンピック・パラリンピックの東京招致が決まる。

2015年には日本財団パラリンピックサポートセンターが設立される。

そして、2017年9月、日本財団と東京オリンピック・パラリンピック競技大会組織委員会が締結したボランティアの連携に関する協定に基づき、日本財団ボランティアサポートセンターが設立された。日本財団グループのボランティア育成のノウハウを生かし、東京オリ・パラの運営を民間の立場でサポートする実践団体だ。沢渡が東日本大震災の被災地から呼び戻されてから六年の年月が流れていた。

「ボラサポで仕事をする心の準備はできていました。俺ならできるという自負心もありました」

沢渡は、オリンピック・パラリンピックという舞台でボランティアにはいったい何ができるかを考えた。

何のためにオリンピック・パラリンピックを開催するのか、とよく問われる。かつては新幹線を走らせ、高速道路を建設する、国の発展が目的とされたこともあった。しかし、オリ・パラが後世に遺すレガシー（遺産）がそうしたインフラ整備やいわゆるハコモノの建設のみであるならば、いかにも物質至上主義だ。もっと、人間性に光をあてたい。

そこで、ボランティアである。ボランティアが活躍することによって、オリ・パラは世界の人々の心に何かを残せる。それが、新たなレガシーではないか。

日本財団はボランティア文化の成熟を目指すことになった。

■二十万人超の応募

東京２０２０オリンピック・パラリンピックにおいて、日本財団は「オフィシャルコントリビューター」としての役割を担っていた。オフィシャルコントリビューターとは、オリ・パラのスポンサーシッププログラムとは異なり、東京大会の開催のために貢献する非営利団体を対象とするプログラムである。オフィシャルコントリビューターは、貢献内容に基づいた呼称などの権利を国内において行使することができる。

日本財団は、東京大会の成功の鍵を握るボランティア活動において、研修プログラムの作成や講師・面談員の育成、そしてボランティア気運の醸成に向けた活動を通じて、ボランティア運営に関するさまざまな経験やノウハウを大会組織委員会に提供したのである。

オリンピック・パラリンピックの大会運営は、まさにボランティアによって支えられていた。東京２０２０大会では「フィールドキャスト（Field Cast）」の愛称で呼ばれ、日本語では「大会ボランティア」と訳されていた。

大会ボランティアは具体的に何をするのか。

日本財団ボラサポは東京オリンピック・パラリンピック競技大会組織委員会の大会ボランティア募集要項に基づき、その役割を九つの分野にまとめた大判（Ａ２版）パンフレットをつくった。挿絵入りのカラー刷りで読みやすい内容になっている。

①　移動サポート＝大会関係者等が移動する車の運転
②　競技サポート＝競技会場内の備品の設置やコートの清掃など競技運営支援
③　案内＝競技会場でのチケットチェックや観客席での案内。空港内での出入国の案内サポート
④　ヘルスケア＝会場内の見回り、医務室への搬送サポート、ドーピング検査対象選手の案内
⑤　運営サポート＝選手村での支援。ユニホームやＩＤの発行、チェックイン受付
⑥　アテンド＝海外ＶＩＰなどに対する接遇。各国選手団のコミュニケーションサポート

⑦　式典＝表彰式の運営サポート、選手やプレゼンターの案内、メダルや記念品等の運搬サポート
⑧　メディア＝選手への取材や記者会見等の運営サポート。広報施設での受付
⑨　テクノロジー＝競技結果の入力サポート。通信機器の貸し出し・回収の受付

大会ボランティア志願者は応募の際に、希望する活動分野を以上の九つのうち三つまで選択できる。ただし、必ずしも希望通りになるわけではない。

大会ボランティア募集要項によれば、「大会運営に直接携わり、大会の雰囲気を醸成するメンバーの一員として大会を成功へと導く活躍が期待されます」と役割の重要性が強調されている。応募資格は２００２年４月１日以前に生まれ、日本国籍または日本在留資格を有する人とされた。活動期間は大会期間中および大会期間前後で十日以上を基本とし、オリ・パラ両方での活動を希望する場合はそれぞれ十日以上、合計二十日以上が基本となる。

募集要項でさらに目をひいたのは、「積極的に応募していただきたい方」として提示された次の五項目であった。

・東京2020大会の大会ボランティアとして活動したい熱意を持っている方
・お互いを思いやる心を持ち、チームとして活動したい方
・オリンピック・パラリンピック競技に関する基本的な知識がある方
・スポーツボランティアをはじめとするボランティア経験がある方
・英語、その他言語及び手話のスキルを活かしたい方

この五項目を読み返し、自分が大会ボランティアに採用されたとして、さまざまなシーンを想像しながら、何を期待されているのかを思い描いてみる。すると、遊び半分の気持ちではとうてい大会ボランティアは務まらないことに気付く。人々の心に感動を残す東京オリ・パラのレガシーをつくるチームの一員になるには、相当な覚悟が必要なようだ。

大会ボランティアとは別に、東京オリ・パラの競技会場がある自治体それぞれが募集する「シティキャスト（City Cast）」がいた。こちらは「都市ボランティア」と呼ばれていた。主要駅や空港などが活動場所で、国内外からやってくる観光客に対して、電車の乗り方を教えたり、道案内を行う。活動日数は三日間、あるいは五日間と短かかった。むろん、大

会ボランティアと連携して活動する予定だった。

　大会ボランティアを募集し、選考する主体は東京オリ・パラ大会組織委だが、日本財団ボラサポは募集から面談、選考、研修と一連のプロセスにかかわっていた。

　2018年9月26日、東京オリ・パラ大会組織委は大会ボランティアの募集を開始した。沢渡によれば、当初、世間一般の反応は冷ややかだった。

「2012年のロンドン大会では七万人のボランティアが結集しました。規模がより大きくなる東京では八万人が必要だと組織委は考えました。ところが、国内の世論では否定的な意見が多かった。『一日千円の交通費が支給されるだけで、十日間以上も拘束される大会ボランティアに、八万人なんて集まるはずがない』というのです」

　世間の反応は冷たかったが、沢渡は大会ボランティアはきっと集まると思っていた。沢渡の勘は当たった。三カ月後の12月21日に締め切られた応募者数は、驚いたことに、募集八万人の二・六倍にもなる二十万四千六百八十人にのぼったのである。

　どうして、これだけ多くの大会ボランティア志願が沸き起こったのか。

　沢渡が考えたところ、ボランティアというと従来の日本では、「人のために無償で行う奉仕活動」ととらえる人が多かった。ところが、東京オリ・パラの大会ボランティア志願者を見渡したところ、誰かのためではなく、自分のために経験を積みたい、就職活動に生かしたい、といった考えが特徴的に見られた。あるいはもっと単純に、選手と交流したい、仲間をつくりたいといった動機も浮かぶ。

しかし、たとえ利己的な動機で出発した行動であっても、それはそれでいいのではないかと沢渡は思った。何のためであれ、自発的に行動することが結果として社会に役立てば、それも意味のあるボランティア活動になり得るのではないのか。新しい価値観である。

■ボランティア魂

大会組織委は二十万人を超す応募者の中から書類選考で予定した八万人を選んだ。そして、ボラサポは組織委と共に、2019年2月から7月にかけて全国十二カ所でオリエンテーションを、10月からは講義スタイルの研修を行うなど、オリ・パラの本番に向けての準備を進めていった。

ところが、2020年が明け、東京2020オリ・パラの開幕まであと半年にさしかかったころになって、準備万端の構えだったボラサポの前に、まったく予想しなかった障害が立ちはだかった。

新型コロナウイルス禍である。

2月中旬になると感染パンデミックが急激に拡大し、ボランティアの研修は無期限の延期とせざるをえない状況となった。

３月24日、安倍晋三首相（当時）はＩＯＣ会長バッハと合意したうえで、東京オリンピック・パラリンピックの一年延期を発表している。

それでも、ボラサポは独自にボランティア研修のスケジュールを組み、準備を続けた。一年延期となったことに合わせてボランティア活動計画の全体を練り直した。

ボラサポのスタッフとボランティアが対面で顔を合わせることは約一年間できなかったが、ボラサポはボランティアの不安を解消しようと、工夫を重ねた。全国のボランティアをつなぐオンライン交流会を企画し、実行することで東京２０２０大会へのモチベーションの維持をはかった。２０２１年3月には三千人を超す大会関連ボランティアが参加したオンラインのイベント「ボラサポフェス」を開催している。

残念な出来事もあった。オリンピックの開催まであと五十日余り、パラリンピックまであと八十日余りに迫った2021年6月2日、東京オリ・パラ大会組織委の武藤敏郎事務総長が明らかにしたことだが、計八万人の大会ボランティアのうち一万人が辞退したという。

産経新聞などの報道によると、辞退の理由について、武藤事務総長は「新型コロナウイルス感染の不安が一つあるのは間違いないだろう」と述べ、さらに大会が一年延期になったことに進学や人事異動が重なり、ボランティア個人の日程の都合がつかなくなったことも理由に挙げている。

一割余りの辞退者が出たのはやむを得ないだろう。それよりも、九割近くがコロナ禍に負けず、ボランティアの意志を堅持したことこそ、注目すべきではないか。

大会組織委はコロナ禍によって大会の簡素化を進め、海外からの観客受け入れ断念による規模の縮小も見込まれていた。なので、大会組織委もボラサポも「ボランティアの数は確保されている。運営には何の支障もない」との見解だった。ところが、コロナ禍の拡大によって、通常ならあり得ないことが起きる可能性が大となった。ボランティアが多過ぎて、手持ちぶさたの人が出てくる事態が懸念されたのだ。

■想いはひとつ

２０２１年7月8日、東京オリンピック・パラリンピック大会組織委は国際オリンピック委員会（ＩＯＣ）や東京都、国などとの協議の結果、東京オリンピック（7月23日〜8月8日）は大半の競技会場で無観客開催とすることを決めた。パラリンピック（8月24日〜9月5日）についても8月16日、同様に無観客開催を決定している。いずれも大会開幕直前、ぎりぎりの段階での決断だった。

コロナ禍を受けてオリ・パラ大会は実際に簡素化されることになった。大会組織委とボラサポは、無観客開催という想定外の事態が大会の運営にどんな影響をおよぼすかが気がかりだった。

大会ボランティアには、選手村や表彰式などの運営サポートをはじめとする九つの分野の役割があることはすでに述べた。ボラサポ事務局長の沢渡一登の説明によれば、そのうち最も人出を必要とするのは観客に対応する分野だった。競技会場でのチケットチェックや観客席での案内サービス、もう一つは体調が悪くなった観客の医務室への搬送サポートなどヘルスケア。いずれも大会の成否を左右する重大なミッションだった。

ところが、競技会場の大半を占める東京と埼玉、千葉、神奈川の一都三県、さらに北海道、福島で行われる競技の観客はゼロになった。したがって、観客対応担当の大会ボランティアは基本的には役割がなくなってしまった。

しかし、何もやらないというわけにはいかない。沢渡によれば、国立競技場内の案内サービスを担当する予定だった大会ボランティアの多くは開会式のリハーサルに駆り出され、本番で入場行進する各国選手の代役を務めた。「少なくとも大会ボランティアに関しては、当初の役割がなくなってしまった人の全員に、何らかの代替の役割が与えられたと聞いています」

自治体が集めた都市ボランティアも役割がなくなった人が多かったが、沢渡は自発的な活動例をいくつか聞いている。

「埼玉県の都市ボランティアは、人気が高かった車いすバスケットボールの会場になったさいたまスーパーアリーナ前で各国選手たちの送迎バスに手を振るおもてなしをしていました。清掃活動をしたりする都市ボランティアも見かけました」

東京2020オリンピック・パラリンピックで役に立ちたいとの志をもってボランティアに志願した人たちである。無観客開催によって、たとえ役割がなくなったとしても、参加した足跡を残し、その証を持って帰ってほしい。そう考えた日本財団ボラサポは、じつは前もっていくつかのプロジェクトを立ち上げていた。

その一つは、

「Yell for one（想いはひとつ）」

と名付けられている。

東京2020オリンピックの無観客開催が決まったのは、大会開幕十五日前の7月8日だが、沢渡によれば、海外からの観客受け入れ断念で大会組織委やIOCなど五者が合意したのは2021年3月20日。日本財団ボラサポはその後いち早く大会ボランティアに対し、独自のプロジェクトとして「想いはひとつ」を提案し、参加を呼び掛けた。ボラサポとしては、大会ボランティアの代替活動の意味合いもあった。

その「想いはひとつ」。東京2020オリンピックとパラリンピックに参加した二百四カ国・地域すべての選手のために、ボランティアたちが彼らの国歌（または国旗歌、賛歌）を歌い、声援を送る動画プロジェクトの企画である。

六人一組で自撮りした動画を六つの画面にする構成になっている。声援の輪は大会ボランティアや都市ボランティアの枠を超え、かれらの家族や友人・知人、さらに国内外の学校・企業関係者へと広がり、計千三百人以上が二百四カ国の国歌・国旗歌・賛歌を歌いこむユニークな動画となった。選手村の中でも話題になったそうだ。

■共生社会へ

新型コロナウイルス禍によって、日本と世界は前例のないオリンピックとパラリンピックを経験した。それは残念な大会ではあったかもしれないが、感染者が地球上で二億人を超す状況下（2021年8月5日現在、米ジョンズ・ホプキンス大学の集計）にあっても、合計で一万五千人以上ものアスリートを世界中から集める巨大なスポーツの祭典を開催できる人間の強さを知る機会にもなった。

ボラサポの沢渡と話をしていて気付かされたことは、東京2020大会を舞台にしたボランティア活動がさまざまな可能性を示していることだった。

一つは、採用された大会ボランティアの中には外国籍や障害のある人も含まれているという事実に象徴される「Diversity & Inclusion（多様性と共生）」社会の実現である。そして、異なる文化や価値観を持った人間が一つのチームとして受容されるかどうかは、ボランティア活動を通じて確かめ合うことができるという指摘である。

ボラサポは今回の東京２０２０大会に向けた活動の中で、障害者のボランティア参加を強く推進した。具体的には、視覚障害者や聴覚障害者向けの大会ボランティアの説明会を開催し、イベントの運営ボランティアとして視覚、聴覚障害者の参加を実現したことだ。障害者を「支えられる側にいる人」との先入観でとらえるのではなく、「支える側の人」になってもらうよう後押しする取り組みである。障害をもつ選手たちが競い合うパラリンピックを障害者がボランティアとして支える。こんなにすばらしいことはない。

ボラサポによると、今回の東京オリ・パラ大会で、二十人の聴覚障害者と五人の視覚障害者がボランティアとして採用された。「いずれも大活躍でした」と沢渡は振り返る。

「例えば、選手村で部屋の世話係となった聴覚障害のボランティアは、選手と手話で話し込むようになるほど親密な人間関係を築いたようでした。手話サポーターの通訳がついたことで、聴覚障害ボランティアが満足できる活動ができたことも確かです」

メダルの授与式のサポート役だった視覚障害のボランティアは、六個ものメダルを載せた重いトレーをプレゼンターに差し出す役目を担うことになり、「大丈夫か」と周囲をハラハラさせたが、まったく問題はなかった。それは、障害者が「支えられる側」から「支える側」へと足を踏み出したと実感できた瞬間だったという。

沢渡は筆者のインタビューを次のように締めくくった。

「東京2020オリンピック・パラリンピックは終わったが、僕らにとっては、これからがまさにスタートだと思っています。今回の気運をきっかけに、多くの人たちが継続的にボランティア活動に参加するようになればと思います。みんながみんなを支える社会の担い手として活躍していくための機会やスキルアップの場を提供していくことが僕らの役割だと思う。まさにスタートに立ったばかりで、これからが正念場です」

■アイムポッシブル

2021年9月5日の夜。東京都新宿区の国立競技場で二時間半にわたって繰り広げられた東京2020パラリンピック競技大会の閉会式で、一風変わった名称ではあるけれども、パラリンピックの精神を象徴する、意義ある表彰式が行われた。

「I'mPOSSIBLE Award（アイムポッシブル賞）」

国際パラリンピック委員会（IPC）が設立し、日本財団パラリンピックサポートセンター（パラサポ）が支援している。パラリンピック運動を通して、共生社会の実現に大きな功績を収めた学校とパラリンピアンに贈られる賞だ。その記念すべき第一回目の表彰式の舞台が東京大会となった。

国立競技場の中央に設けられた表彰式典の壇上では、千葉県の木更津市立清見台小学校と千葉県立東金特別支援学校という国内二校の先生各一人と児童各一人、そしてアフリカ南東部の内陸国マラウイのリロングウェＬＥＡ小学校の関係者一人、さらに二人のパラリンピアン（ザンビアの陸上競技選手とポーランドのクロスカントリースキー選手）の代理という計七人がスポットライトを浴び、テレビカメラに向かって手を振っていた。日本国内の受賞校二校は、応募した百七十七校の中から選ばれている。

「アイムポッシブル賞」は一般にはあまり知られていない。そもそも、「I'mPOSSIBLE」とは何か。閉会式の中継放送では簡略化された説明だったので、ここで補足しておきたい。

「I'mPOSSIBLE」はＩＰＣの開発を担うアギトス財団（２０１２年創設）が２０１７年に開発した教材。学校教育を通じたパラリンピック運動の意識向上を掲げ、共生社会の促進を目的としている。

教材の名称「I'mPOSSIBLE」は、Impossible（不可能）のIとmの間にアポストロフィを付け加えただけで（考え方を変えたり、少し工夫したりするだけで）不可能が可能になるという、パラリンピックの選手たちが体現するメッセージが込められた造語である。「I'mPOSSIBLE」国際版は2019年8月までに世界の二十六カ国で使用されるようになった。

「I'mPOSSIBLE」日本版は、国際版の内容をもとに、日本の教育現場で活用しやすいように開発された。教材は小学生版、中学生・高校生版ともに全十四授業分のユニットで構成され、どれか一つだけでも、複数を組み合わせても使えるよう工夫されている。「パラリンピックってなんだろう」「公平について考えてみよう」といった子どもに考えさせるテーマの座学だけでなく、ゴールボールやボッチャなど実技体験を織り交ぜたプログラムになっていた。

日本版教材は2017年4月に小学生版第一弾の配布が始まり、2020年6月までに小学生版と中学生・高校生版ともに第三弾までの配布が終了している。全国の小学校、中学校、高校、特別支援学校の計三万六千校に無償配布されたほか、すべて無償のダウンロード件数が十二万件以上になったという。

２０２１年９月５日夜の国立競技場。東京２０２０パラリンピックの閉会式に戻る。「アイムポッシブル賞」の受賞者七人は世界中に向かって手を振り続けた。

公表された受賞理由を紹介する。

▽開催国最優秀賞（木更津市立清見台小学校）＝パラリンピックについて学ぶことで、児童が障害に対して抱いているイメージを変えるだけでなく、児童の学びを「共生社会の構築」へとつなげるため、障害の当事者との交流をバリアフリーについて考える機会にしたり、自分の住む地域へ目を向け、誰もが暮らしやすい社会にするための具体的な方法を考えるなど、計画的かつ効果的な実践を行った。

▽開催国特別賞（東金特別支援学校）＝「オリ・パラ推進隊」を結成し、学校内にとどまらず、パラスポーツについて歌った「オリパラソング」や競技を説明する動画を作成したり、生徒自身が講師となって地域の小中学校にボッチャのルールを解説し、一緒にプレーする「オリパラ・キャラバン」を実施するなど、地域に対してパラスポーツの楽しさを伝える創造的な取り組みを数多く展開した。まわりの人々の障害に対する意識を変えるとともに、活動を通して生徒たちの自信も育んだ。

「アイムポッシブル賞」の受賞者と受賞理由は、ＩＰＣの公式ホームページ（英文）でも詳しく報じられた。

コロナ禍の中で開催されたパラリンピックという舞台で、日本財団は粘り強く、共生社会を実現させるスポーツの力を世界に向けて発信し続けたのである。

終章　車いすからの風景

東京２０２０パラリンピックが閉幕した翌々日（２０２1年9月7日）の早朝、筆者は日本財団会長、笹川陽平に一時間の面談時間をつくってもらった。７月の東京オリンピック開幕から約一カ月半、世界を覆いつくした新型コロナウイルス感染症の猛威を跳ね除けながら、すべての日程を終了したスポーツの祭典。その記憶が鮮明であるうちに、聞いておきたいことがあったからだ。

日本の代表的な社会貢献団体である日本財団にとって、今回のコロナ禍と、そのコロナ禍のただ中で行われた東京オリンピック・パラリンピック競技大会は対応が極めて難しい支援対象であった。財団創立（１９６２年）以来、活動理念の柱に障害者の社会参画を掲げてきた日本財団は、東京招致が決まった２０１３年以降は、とくにパラリンピック関連に焦点を絞って、さまざまな支援プログラムを展開してきた。

日本財団が後押しした東京パラリンピックはうまくいったのか。さまざまな困難を承知のうえで開催した意味はあったのか。筆者の質問に、笹川は日本財団のリーダーとしてというより、祭典を主催した日本チームの一員として答えた。

「こんなコロナ禍の中で、大きな集団感染の発生もなく、やり切ったということは大変なことだと思う」

笹川によれば、日本のメディアはあまり取り上げなかったが、選手村の中で日本の大会組織委員会のスタッフやボランティアたちは外国の選手や関係者に対し、食事をはじめとするさまざまな接遇で、しみわたるような「おもてなしの心」を示したという。

日本側のおもてなしに対する外国選手たちの感謝の気持ちの表現について、笹川が具体的な事例として語ったのは、大会最終日の9月5日の競技。短い時間だが、笹川にとっては心暖まるシーンだった。

男子マラソン（上肢障害T46）コースの通過点である浅草。右腕のない選手が左手に持った帽子を振りながら走ってきた。そのまま駆け抜けるかと思えたが、雷門前で突然立ち止まり、一礼したのである。その場にいた人たちからは、「おおっ」との声が上がった。

この選手は、ホーバル・バトンハマーという。四十五歳。北欧デンマーク自治領・フェロー諸島から唯一人出場した。

レースでは先頭から大きく離れてしまったが、浅草以外でも沿道の人々に手を振ったり、交差点でぐるりと小さな円を描いたりし、八カ月前に始めたというマラソンの自己ベストを更新する2時間58分27秒で完走した。「東京が厳しい状況の中にもかかわらず、子どもたちやいろいろな人が応援してくれた。感謝の気持ちを伝えたかった。すばらしい経験だった」と隻腕のランナーは語った（朝日新聞デジタル版）。

国際パラリンピック委員会（ＩＰＣ）のアンドリュー・パーソンズ会長は東京パラリンピックの閉会式に先立つ記者会見で「新型コロナウイルス禍を考えると、日本が行ったような大会開催は諸外国ではできなかった」と総括している。

コロナ禍の中での東京オリンピック・パラリンピックの開催について、事前のさまざまな世論調査では、大会の中止や再延期を求める声が八割前後を推移していた。それが東京パラリンピックの開催後に行われた共同通信社の緊急世論調査では、開催されてよかったとの回答が69・８％に上った。「世論を一変させたのは、選手が大会で見せたパフォーマンスそのものだった」（２０２１年９月７日付産経新聞・主張）といえよう。

＊

六十年に及ぶ日本財団の活動の中で、今回ほど事業展開の組み立てが難しいことはなかったのではないか。実務の局外にいる筆者などはそう思っていた。

今回の第七巻で追いかけようとしたのは、東京パラリンピック（オリンピックを含む）支援と新型コロナウイルスの感染症対策支援という二つのプロジェクトの流れであった。日本財団の東京パラリンピック支援事業は、大会の東京招致が決まった2013年ごろから思い描いていたテーマだった。日本財団の障害者問題への取り組みの深さを知る機会になると思った。

そこに、まったく予想しなかったコロナ禍が広がった。スピードを身上とする日本財団は次々とコロナ禍対策プロジェクトを打ち出した。軽症患者向けの宿泊療養施設の設置を皮切りに、医療従事者へのタクシーチケットの提供、感染防止タクシーの配備、救命救急医療現場への支援、さらに高齢者福祉施設の職員らに対する無料PCR検査の提供……。

この一方で、既定のパラリンピック支援や障害者の支援事業は続行しなければならない。しかも、コロナ禍対策とパラリンピック支援は微妙に絡み合っていた。

例えば、お台場の日本財団パラアリーナの体育館を転用したブース型病床はコロナ禍対策プロジェクトの第一弾だった。医療の逼迫に直面した局面を想定し、選手を含む関係者の了解を得たうえでのやむを得ない措置だった。しかし、パラアスリートにとってはかけがえのない練習拠点が丸一年間、使えなくなる結果を招いた。パラリンピック支援もコロナ禍対策（命の大切さ）には譲歩せざるを得なかった。

パラリンピック支援とコロナ禍対策について、笹川は「別の問題ではありますが、同時につながりのある問題でもあるのです」と話す。

それにしても、二つの支援プロジェクトを同時に抱えた日本財団には、これまでにない仕事量の負荷がかかったのではないか。この質問は笹川に一蹴された。

「あのね、われわれは、プロフェショナルです。求められているのは、いかにパフォーマンスを発揮するかということ。プロ野球選手の打者でいえば、打率やホームランの本数、盗塁数。日本財団の職員も同様のパフォーマンスを見せないといけない」

*

パラリンピックのロンドン大会（2012年）は、「史上最も成功したパラリンピック」との評価を得ている。東京大会はロンドンを上回ったのではないかと水を向けると、笹川は即座に反応した。

「ロンドンの成功は、第一には、チケットが完売した、競技場の観戦者が１００％だったということでの成功だった」

東京パラは、例えば、「ボッチャ」という、これまでよく知られていなかった競技の魅力を広めることに成功したと笹川は言う。

ボッチャとは、ジャックボール（目標球）と呼ばれる白いボールに、赤、青それぞれ六球ずつのボールをいかに近づけるかを競い合う。重度脳性麻痺者、もしくは同程度の四肢重度機能障害者のために考案された競技だ。筆者は初めて映像で観戦した時、ほとんど興味をおぼえなかったが、今回の東京パラリンピックで上級競技者の技を何度か見るうち、プレーの魅力、奥の深さが理解できるようになった。日本財団パラリンピックサポートセンターの啓蒙活動によって、ボッチャをはじめ、車いすラグビーなどあまり知られていなかったパラ競技の人気が高まってきたのは確かだ。意義深い動きである。

笹川はさらに発言する。

「日本財団は東京パラから、アフターコロナ時代に向け、障害者も健常者と同じように社会参画できる場所をつくっていくと発信しました」

The Valuable 500（Ｖ５００）という世界最大規模（五百社）の経営者ネットワークが

ある。２０１９年の世界経済フォーラム年次総会（ダボス会議）で発足した。障害者が社会、ビジネス、経済における潜在的な価値を発揮できるような改革を起こすことを目的としている。日本財団はV５００に対し２０２１年から２３年までの三年間で五百万ドル（約五億五千万円）の支援を行う計画を発表した。

「世界には十二億人の障害者がいる。ということは、十二億人の市場があるわけだが、誰も気付かなかった。今回の東京パラリンピックを見てもらえばわかるように、障害者には健常者が持っていない能力があるし、働く意欲も情熱もある。残念なことに、チャンスが少ないのです」

十二億人のマーケット。障害者に向けた商品開発は、障害者でないとできない。

笹川が最も言いたかったのは、次のコメントだと思う。

「車いすに乗って、歩いてごらんなさい。見える風景が違うのですよ。障害者でないとわからないことがたくさんある。誰もが働ける、活躍できる。アフター（ポスト）コロナとはそういう世界だと、私は位置づけています」

ポストコロナ時代に思う

〜笹川陽平／順平からのメッセージ

ポストコロナ時代に思う
～笹川陽平／順平からのメッセージ

【テレワーク考】

世界が新型コロナウイルス禍に覆い尽された２０２０年から21年にかけて、私たちのまわりでしきりに飛び交った横文字混じりの単語のうち、「ＰＣＲ検査」と並んで最も頻繁に使われたのは、「テレワーク」だろう。tele（離れた）とwork（働く）を合わせた造語で、ＩＣＴ（情報通信技術）を使って時間や場所の制約を受けずに柔軟に働く勤労形態を指す。最も一般的なテレワークは在宅勤務だが、ほかに、取引先や移動中にパソコンや携帯電話を使って仕事をこなすモバイルワーク、レンタル事務所などを活用するサテライトオフィス勤務などがある。

テレワークのほかに頻繁に耳にした語句は、「ウィズコロナ（with corona）」と「ポストコロナ（post corona）」だろう。前者は「新型コロナウイルスと共存する」との意味だが、ワクチンや特効薬などウイルスを効率的に閉じ込めるツールを人間社会が獲得するまでの状態を指す。後者は「アフターコロナ（after corona）」とも呼ばれる。「コロナが蔓延した後の世界」のことであり、人と人との関係や働き方など、さまざまな局面で暮らしの質が大きく変容した時代をあらわしている。

このポスト（アフター）コロナ時代と、その先駆けともいえるテレワークについて、日本財団はどうとらえているのか。

日本財団会長の笹川陽平は、新型コロナウイルスの感染拡大が重大視されるようになるかなり前から、コロナ禍が過ぎ去った後の日常生活は「以前とは大きく変わってくる」としきりに語っていた。

日本財団では毎年４月初旬、笹川が新入職員を含む全職員を集めて三十分ほどのスピーチを行うのが恒例となっているが、コロナ禍の最中だった２０２０年はなかった（21年は復活した）。その代わり、4月20日、オンライン会議方式で、笹川の映像メッセージが全職員に向けて流された。「テレワーク」を中心的な題材とし、新型コロナウイルス禍との付き合い方や新たな日常生活の過ごし方を説いたメッセージだった。

《2020年4月20日　日本財団の役職員に向けた笹川陽平のメッセージ》

■大空襲に匹敵する衝撃

「私は六歳の時、第二次大戦末期（1945年3月）の（米軍による）東京大空襲という、十万人以上が死亡する本当の修羅場のただ中にいて、あちこちで人が焼け焦げている生き地獄の中を生き抜いてきた人間です。今回の新型コロナウイルス禍も、あの東京大空襲に匹敵する衝撃的な出来事に歴史的にはなっていくのだろうと考えています。

こういう時期ですから、テレワークを基本にして、皆さん方に仕事をしていただくことになりました。

皆さん方は日本財団の仕事改革をいろいろと経験してきました。私は、仕事をしやすいようにするにはどうしたらいいかを常に考えてきました。しかし、人間というのは不思議なもので、自分が慣れ親しんでいる仕事のしかたが一番いいと思いがちです。新しい仕事のやり方については、躊躇したり、戸惑ったりするものです。

例えば、日本財団は（２０１７年から）オフィスを（固定席がない）フリーアドレスにしました。皆さんは大変戸惑いを感じたと思います。毎年12月になると、私は皆さん方に、机の上をきれいにしてください、整理して帰ってくださいと何べんもお願いしましたが、うまく実行できませんでしたね。

しかし、フリーアドレスが導入されてからは、どうでしょうか。机の上には紙一枚ありません。そして、今や皆さんはフリーアドレスに慣れて、仕事を十二分にこなしている。

今度は（新型コロナウイルス禍で）テレワークという仕事のやり方をとらざるを得なくなった。これまた、皆さんは大変な戸惑いをもってらっしゃるかもしれませんが、「いや、テレワークはテレワークなりに、結構仕事がこなせるではないか」と気付いている人もいるはずです。

こういう働き方改革とか、より合理的、効率的に仕事をするということは、本来は自発的に考えなくてはならないのですが、人間というのは難しいもので、そうしなければならない場面にぶつかって初めて知恵を出し、うまく処理する能力を発揮するものなのです。

それはそれでいいとして……。

テレワークについてはそろそろ戸惑いの時期は過ぎて、なんだ、こんなに簡単なのか、みんなとコミュニケーションがとれるのかと、慣れてきたころではありませんか。

ただ、テレワークになって、家庭の中で仕事をするということで、いろんな問題が出てきましたね。結婚しておられる方の場合は、まず、夫婦の円満が大事です」

■〝婦唱夫随〟

「私が第一に言いたいのは、(男性職員の場合は) 奥さんの言うことを100%聞くということです。反論したり、文句をつけたりするのは一番いけません。

私の知り合いには、大会社の重役や社長をやっている人がいます。みんなこれまで、ほとんど毎日のように夜には会食の予定があって、家庭で夕食など食べたことがなかった人が、コロナ禍で毎日、早めに帰宅するようになりました。それで一日三食、少なくとも朝と夜は奥さんにご飯を作ってもらうことになったわけですが、会社では威張っている人たちですから、家に帰ってきても奥さんに横柄にものを言う。奥さんは閉口し、どこか外でご飯を食べてきてほしいと思うようになった。そんなわけで、夫婦仲が大変悪くなったケースが増えていると聞きます。

私自身の経験から言いますが、日本財団の職員に限っては、とにかく何事によらず、奥様を立てて、１００％奥様の言う通りにすることをお願いします。夫唱婦随ではなく、〝婦唱夫随〟です。

そして、まだ幼い子どもがいる人は、このテレワークが多くなった機会に、子どもの面倒をしっかり見ていただきたいと思います。子どもたちは大人になった時におそらく、お父さんはあのコロナ禍の時に（テレワークで家にいる時間が長かったので）随分と本を読んでくれたり、運動を教えてくれたりしたと思い出すはずです。思い出をつくる時間が与えられたわけですから、この際、家庭を大事にすることを生活の基本に据えてください」

■社会観察の機会

「家に閉じこもって仕事をすることには大変な苦労を伴うかもしれません。しかし、テレワークという機会は、世の中というものを相対的に観察する、いいチャンスになるのではないでしょうか。

世の中には非正規雇用だったためコロナ禍によって人員整理の対象になって仕事を失い、収入がなくなった方がたくさんいらっしゃいます。

また、テレワークでは対応できない仕事もあります。コンビニの店員さん、夜間も走る長距離輸送トラックの運転手さん、そしてコロナウイルスに感染した人を受け入れている病院のお医者さん、看護師さん、検査技師など最前線の現場で社会を支えている方々の仕事です。そこに目を向け、社会を相対的に見ることによって、自分の仕事の恵まれた点に気付くのではないかと思います。

テレワークによって（通勤時間がなくなったことで）生まれた時間をどのように有効活用するか。一つは、世の中にどんな社会課題があるのかを見つける時間に使っていただきたい。私はふだんあまり見ないテレビをよく見るようになりました。つまらない番組が少なくありませんが、そんな番組からもヒントを得ることがあるはずです。好奇心を持って見ているとアイデアが浮かんでくるものです」

■読書のすすめ

「テレワークで生まれたゆとりの時間を活用してもう一つお願いしたいことは、本を読むことです。とくにしっかり読んでほしいのは、皆さん自身が尊敬している人についての本です。そういう先達が生きてきた証を知ることがこれからの人生に大いに役立つと思うからです。

最近は『生きづらさ』という言葉がよく使われますが、そもそも人間の一生そのものが生きづらいものです。それを乗り越える強い精神力をもつためには、やはり苦労して生き抜いた人たちの伝記とか、その人物に焦点を当てて書かれた本を読むことが自分の人生観を変える、あるいはより良い人生を歩むためのきっかけになると私は思います。

日本財団は、働き方においてフリーアドレスからテレワークへと、進化したわけですから、皆さんはそれを十二分に活用しながら、そして余った時間は人生をいかに豊かにするか、家庭をどのように大切にしていくか、その実行に費やしていただきたい。

家で仕事をすることによって、生活は複雑さを増すかもしれません。職場に来れば、仕事だけをやればいいわけですが、家庭で仕事をする場合は、奥様や子どもたちへの配慮が必要ですし、さらに人生を豊かにする本も読まなければなりません。新しい仕事としてどういうことをするかを考えるのはもちろんのことです。

コロナ禍と向かい合っている今も、そしてコロナ禍が収束した後も、皆さん方には複合的な問題に対応できる処理能力が求められるようになりました。まったく新しい環境の中での仕事がすでに始まっているのです」

【テレワーク再考】

テレワークとポストコロナ時代について、何度か話を聞いてみてわかったことは、笹川陽平がテレワークの優れた点を認めながらも、テレワークへの過剰な期待は禁物だととらえている点だった。

《2020年12月10日　笹川陽平と筆者のやりとり》

——テレワークによる仕事の質の変化、そしてポストコロナ時代における社会のありよ

うの変化について、さらに語ってください

「ポストコロナ時代に、どういう社会が到来するのか。正直言って、私にもまだ見えていません。ただ、働き方において、人々の動きが変わってきたことは事実ですね。毎週月曜日から金曜日まで毎日、決まった時間に会社に来なければならないというようなことは言われなくなりました。

とはいえ、例えば製造業ではそうはいきません。機械を動かす製造業はテレワークだけでは仕事はこなせない。

産業界全体を見た場合、テレワークでこなせるのは事務職の一部かもしれません。その一部を全体の動きとして過大視し、新しいテレワーク時代の到来だととらえるのは間違いです。

弁護士さんとか、建築家とか、会計士だとか、あるいは小説家とか、そしてわれわれ日本財団の仕事ではテレワークを有効活用できることがわかっています。でも、それをもって日本中がみなテレワークでうまくいくと判断するのは、とんでもない話です」

――テレワークというのは、非常に効率的な仕事の形態だと思いますが、仕事のオンとオフの切り替えが難しいのではないでしょうか。家にいることで、なかなか仕事モードに切り替わらなかったり、逆に仕事を終えてもリラックスできないことがある。理想的なテレワークの形態はまだ開発されていないということなのでしょうか
「テレビ会議で発言する時だけはきちんとやるが、自分の姿が映らない時は手を抜くとか、テレワークの勤務では個人差がすごく出ると思いますね。発言もせず、画面にも映らないから、こっそりお菓子を食べたりする人もいる。テレワークの欠点は確かにあります。テレワークとは、非常に高度な自己管理が求められる勤務の形態だと思いますね。
ところで、テレワークとセットになっているテレビ会議について、一つ、言えることがあります。テレビ電話の画面の表情だけではその人の真意を汲み取ることはできないということです。同じイエスでも、積極的なイエスなのか、消極的なイエスなのか、それは対面でないとわからない」

【ポストコロナ社会】

どのようなポストコロナ社会が到来するのか。日本財団で最も若い役員である笹川順平・常務理事（１９７５年生まれ）に、忌憚のない意見を聞いた。笹川陽平、順平両氏の意見を並べたのは、世代による考えの違いを確かめたかったからだ。順平氏は２０１３年から住宅関連商材の製造・販売会社「ナスタ」の社長を務める一方で、17年からは日本財団常務理事を兼務している。

《２０２０年５月19日　笹川順平常務への筆者インタビュー・その一》

――新型コロナウイルスの感染拡大を食い止めようとする日本財団の取り組みには、短期間のうちに億円単位の寄付金が寄せられました。これまでにない寄付の盛り上がりです。これは、極論かもしれませんが、今回の新型コロナウイルス禍がもたらした、マイナスではなく、プラスの側面のようにも思う。コロナ禍が、寄付文化の醸成という社会変革を加速させているとも言えますね

「それは、すごく言えるのではないかと思います。何と言うか、コロナ禍は今、無駄なモノをそぎ落として、どういう価値観のもとに自分自身が携わるべきかということを考えさせてくれる、良い機会をもたらしてくれたと私は受け止めています」

——ナスタ社のホームページに掲載されている「社長挨拶」でも、今回の新型コロナウイルス禍はマイナスの禍だけでなく、ある意味では、人類にとって、地球規模の社会変革をもたらしているという考えを述べられています。例えば、寄付の盛り上がりは、社会を変える運動として重要な意味を持っているのではないかと

「これまで、人間というのは他人と一緒にいることで、もしくは組織に属することで、安心を享受していた。または、自分で何か作業を創り出し、その作業をこなしていくことで給料をもらえる環境に安心する、そういった存在でした。つまり、自分に向き合うのではなく、歯車になることを望み、歯車になることによって安心していた。

ところが、今回の新型コロナウイルス禍によって、これまでは当たり前とされていた、一カ所の職場に人を集めるようなやり方では無駄な仕事が随分つくられていたとわかった。無駄をなくすことを目的にした無駄な仕事をわざわざつくったりとか……。つまり、人が単に集まっていることのデメリットが見えてしまった。通勤がほんとに必要なのかと

いう考えさえ提起されたのです」
（2019年4月に施行された働き方改革関連法でも、テレワークなど場所や時間を問わない柔軟な働き方の推進が謳われている。だが、現実に新型コロナウイルスが蔓延し、政府が緊急事態宣言を発令した後はテレワークやリモートワークの推進だけでなく▽通勤時の人との接触を避ける「オフピーク出勤」の推進▽対面での感染リスクを避ける「オンライン会議」の実施▽出勤にマイカーを使い、公共交通機関を使わない「通勤手段の見直し」――といった働き方の全面的な変革を求められるようになった）

――どのような「ポストコロナ」の世界が到来するのか。大胆に予想してください
「人間にとって本当に大事なものは、自分自身と家族ではないでしょうか。自分自身が、残りの限られた人生の時間をどういうふうに過ごしていくことが幸せなのか、ということをもう一度考えさせてくれたのが、この新型コロナウイルス禍だったと思います
そこで、誰もが自分自身にとって何が大切かを測るセンサーをもち始めた。このセンサーは『こんなの無駄だ、必要ないね』という考えに行き着くセンサーです。
だから、無駄なことはどんどんなくなっていく代わりに、非常に理に適っている、効率的なことに対しては、どんどんお金を費やしたり、時間をかけるようになると思う」

（笹川順平は、ナスタ社が販売に力を入れている戸建て住居向けの宅配ボックスを例に挙げる。通販会社や宅配業者が配達物を対面で手渡しするのではなく、戸建てでも玄関前に届けるだけで済ませられないかとのアイデアから生まれた商品だ。配達の数だけが増え、配達要員が確保できない状況は限界にきていたからだという）

――一方で、ほとんどの宅配利用者は玄関前に置くだけで済ますやり方を拒否していたようですね。盗難や雨に濡れる恐れがあるからと

「ところが、コロナウイルス禍が起きて、利用者が在宅であっても、留守であっても、宅配業者は配達物を玄関に置いたままにするしかない事態になった。感染防止のためです。この体験を経て、ようやく人間は気付いた。人と対面することを面倒くさいと思えばストレスが生まれ、それに対応するサービスも生まれるけれど、そんなこととは関係なく、要するにモノが安全に、確実に届けばいい。それが本質ではないかと気付いたのです。コロナによって、物流のパラダイムシフト（規範の変化）が起きたといえます。

今回のコロナ禍によって、人間は本当に必要なものは何かということを考える力を持ち始めたように思います。例えば、コロナ禍が収束したとしても、経営者は、さあ、これからは毎日午前九時までに会社に来るんだぞと号令をかけられなくなった。家にいても仕事

はできることを皆が知ってしまったからです。実態と真逆のことを指示するマネジメントには誰もついていかなくなる。家でどれだけ仕事の成果を上げるか、そこをマネジメントする経営にしないと、部下はついていかないでしょうね」

【ハイブリッド方式で】

《2020年11月17日　笹川順平へのインタビュー・その二》

——新型コロナウイルスは人間社会にとっては紛れもなく禍ですが、その半面でプラスの社会変革をもたらすきっかけにもなったと指摘されました。そのお考えは今も変わりませんか

「僕の個人的な体験からお話しします。人間は誰しも、毎日一所懸命生きているつもりでも、敷かれたレールの上を走っているだけでは、思考が停止してしまうのではないかと か、考える力が奪われていくような思いになるものです。

僕は小学校に入ってから大学二年生まで、ずっと体育会系の人間で、サッカーばかりし

ていました。それで、このまま大学を卒業してしまうと、サッカーだけで人生が終わってしまうのではないかという考えにとらわれた。それで、思い切ってサッカーをやめました。

その時に見た、忘れられない光景があります。大学のキャンパスの真ん中に噴水があって、サッカーをやめた僕はベンチにすわり、これから何をしたらいいのかと途方に暮れていました。まわりを見ると、皆、楽しそうな表情です。それまで体育会系だった僕がバカにしていたサークル系の学生たちが輝いて見えました。体育会という組織から離れて個人になった時に初めて感じた孤独と不安です。その時の感覚を今回のコロナ禍で思い出しました」

——その時の喪失感とは、毎日会社で働き、毎晩のように会食予定が入っていた企業社会の人間が、コロナ禍によって仕事のルーティンを断ち切られ、どうしたらいいか途方に暮れた状況に似ていたわけですね

「そうです。あの時の僕は、大学を卒業するまでのあと二年、どうやって生きていこうか、情報集めに走ったものでした。考え方を根底から変えることを迫られたわけですから」

――同じように今回のコロナ禍によって、日本財団の内部では職員たちの意識がどのように変わったと思いますか

「会社とは、毎日来なきゃあいけない場所ではない。仕事のためにどう活用したらいいかを考えるべき場所だと気付かされたわけです。会社には来なくてもいいけれど、いいプロジェクトをつくって、社会的なインパクトを与える。そういう考え方に大きく変わっていったのです。

（コロナ禍で）会社には出ていけないから、自分たちで働き方を考える。そうなってくると、個人個人がきょうはどうやって過ごそうかを考える、チームマネージャーは何を指示するか、打ち合わせの仕方も考える……。そういう思考に変わっていった。これはすばらしいことです。

今までの当たり前がほんとに正しかったのかということを論証的に考えるようになった。朝早くから会社に来ている人が偉いという考え方が必ずしも正しいとは言えないと」

――仕事についての新しい価値観を具体的に語ってください

「先日、建築家の隈研吾《くまけんご》先生（注＝日本を代表する建築家の一人。国立競技場や歌舞伎座を設計した。１９５４年生まれ）とお話をしていて、『一番仕事をしている時間って、一

日のうちのどこにいる時ですか』とお聞きしたら、隈先生は少し考えて、『まず、事務所に行くと、仕事はできないな』、そして『脳みそは、散歩している時が一番働いている』と言ったのです。

すごく面白い考え方です。今は、そういうことを堂々と言えるような社会になったのです。仕事は家でやってもいいいし、カフェでもいい。どこでもいい。その代わり、責任をとれということです」

——そういう考え方が、今の世の中では支配的になったと考えますか

「僕は、少なくとも50％の国民の間に広まったと考えていますが、どうしても旧来の考え方から抜けきれない人もいます。その方が心地いいし、抜け出したくないというわけです。それは、それでしょうがない。しかし、心に留めておくべきなのは、コロナ禍が物事の本質をあぶりだしてくれたということです。自分にとって何が一番大事なことなのか、仕事にとって何が一番大事なことなのかを考える必要があります」

——コロナ禍がプラスに作用した現象には、他にどんなことがありますか

「コロナ禍によって、ほとんどの人が家族との時間を大切にするようになったと思います。なんで、あんな飲み会に行っていたのだろう、なんで、あんな挨拶回りにうろうろし

ていたのだろうと……。家族を犠牲にしてムラ型社会のしきたりに従って行っていたことが多かったと気付いたのではないでしょうか。家族との時間をもっと大事にすべきだったと反省している人も多いと思います。先日の新聞に、20％の人がコロナ禍で家族関係、夫婦関係が良くなったという調査結果の記事が出ていました」

――ご自身はどうですか

「むろん、僕自身も家族との時間が圧倒的に増えました。午後六時か六時半には家にいることが多くなりましたから、家庭内の状況を見て、妻の手伝いをしたり、子どもたちとの時間も大事にするようになりました。子どもたちが寝た後は、一人で仕事のことを考えたりします。読書量はすごく増えました」

――テレワークについて、改めておうかがいします。テレワークには在宅のほか、サテライト勤務などいろんな形態がありますが、一つの大きな欠点がある。在宅勤務では仕事のオン状態に入りにくい、オン・オフの切り替えが難しいと思いますが、いかがですか

「僕も同じように感じています。僕の場合は、やはり、自宅を出ることがスイッチ・オン状態になるとわかったので、外に拠点を設けて、そこで仕事や考え事をするようにしています。

そういうことができない場合はどうするか。僕が日本財団で提案しているのは、〝ハイブリッド〟方式の勤務です。半分はオフィスで対面の仕事をし、残りはオンライン・リモートでの勤務です。曜日で区切ってもいいし、午前・午後で切り替えてもいい。完全にオンラインだけというのは弊害があると思うからです。オンラインは、やることが決まっている場合は非常に効率性の高い仕事ができる強みがありますが、やることが決まっていない時、何かをつけ足したり、もっとアイデアを増強し合う時などは、対面で話し合いながらやった方がいい。

ですから、僕は、ハイブリッド方式によって、日本財団の仕事をこなしていこうと考えています」

ポストコロナ時代に思う
〜笹川陽平／順平からのメッセージ

2021年 1月	8日	首都圏１都３県に２回目の緊急事態宣言再発令	
	13日	宣言対象地域に７府県を追加（栃木、愛知、岐阜、大阪、京都、兵庫、福岡）	
	19日		【支援第四弾】 ●「日本財団PCR検査センター」設置を発表 高齢者福祉施設のスタッフらを対象に、定期的検査（無料）実施を呼びかけ
2月	8日	栃木県で宣言解除	
	12日	東京オリンピック・パラリンピック競技大会組織委員会の森喜朗会長が辞任を表明	
	24日		●無料PCR検査の受付開始
	25日		●東京2020パラリンピックに向け、日本財団パラアリーナを再びパラアスリートの練習拠点にすると発表
	28日	愛知、岐阜、大阪、京都、兵庫、福岡の６府県で解除	
3月	21日	１都３県の緊急事態宣言解除	
4月	1日		●日本財団パラアリーナの使用再開
	6日		【支援策第五弾】 ●新型コロナウイルス感染症対策支援事業の募集を開始。 （対象は感染症指定病院）
	12日	高齢者への新型コロナワクチン接種開始	
	25日	東京、大阪、兵庫、京都の４都府県で３回目の緊急事態宣言（以降、対象拡大）	
5月	23日	沖縄県にも緊急事態宣言	
6月	20日	沖縄県を除き緊急事態宣言を解除	
7月	8日	東京、埼玉、千葉、神奈川の４都県でオリンピックの無観客開催決定（以降、北海道、福島県でも）	
	12日	東京4回目の緊急事態宣言	
	15日		●全国236の医療機関へ総額約11億円の支援決定
	23日	東京2020オリンピック開会式	
	29日	国内新規感染者数、初の１万人超	
8月	2日	宣言対象地域は東京と沖縄に埼玉、千葉、神奈川、大阪の４府県を追加	
	5日	累計の感染者が４日（日本時間５日）、世界全体で２億人を超える（米ジョンズ・ホプキンス大の集計）。 国内では東京都で5042人など、全国の感染者が初めて１万５千人を超える１万5263人に	
	8日	オリンピック閉会式	
	20日	宣言対象地域に茨城、栃木、群馬、静岡、京都、兵庫、福岡の７府県追加	
	24日	東京2020パラリンピック開会式	
	27日	宣言対象地域に北海道、宮城、岐阜、愛知、三重、滋賀、岡山、広島の８道県追加	
9月	5日	パラリンピック閉会式	
	9日		
	14日		○「日本財団・大阪大学 感染症対策プロジェクト」発表 感染症総合研究拠点の設置に向けて10年間で230億円の助成を予定

新型コロナウイルスをめぐる国内外と日本財団の動き

月	日	国内外の動き	日本財団の動き
2019年 12月	8日	中国・武漢で初の感染者確認との報道	
2020年 1月	16日	厚生労働省が国内初の感染確認を発表	
	30日	政府、対策本部を設置 WHOが新型コロナウイルス肺炎の緊急事態宣言	
2月	3日	ダイヤモンド・プリンセス号が横浜到着、検疫開始	
	13日	国内初の死者を確認、80代女性	
	19日		全職員に時差通勤、テレワークなどの導入を指示
	27日	全国の小中学校等に休校要請（3／2～）	
3月	11日	WHOが「パンデミック」宣言	
	13日	改正新型インフルエンザ等対策特別措置法成立（翌14日施行）	
	16日		全役職員にテレワーク導入・感染拡大対応措置の強化を指示
	24日	東京2020オリンピック・パラリンピックの１年延期決定	
4月	3日		【支援第一弾】 ●軽症を主とする感染者の宿泊療養施設の建設計画を発表
	7日	東京、埼玉、千葉、神奈川、大阪、兵庫、福岡の７都府県に第１回目緊急事態宣言発令	○「新型コロナウイルス緊急支援募金」の受付開始
	16日	緊急事態宣言の対象を全都道府県に拡大	
	27日		○新しい地図の３人と共同で「LOVE POCKET FUND」（愛のポケット基金）を開設
5月	1日	「特別定額給付金」10万円給付のオンライン申請受付を開始	●コロナ対策計画変更を発表（量より質を重視） 日本財団パラアリーナ（東京・お台場）を転用し、感染者宿泊療養施設100床を設営
	4日	緊急事態宣言延長決定（～5／31）	
	14日	緊急事態宣言39県で解除	
	20日		【支援第二弾】 タクシーを利用した総額10億円規模の支援を発表 医療従事者の通勤・帰宅支援（タクシーチケット提供）／感染防止タクシーの開発と運用
	21日	大阪、京都、兵庫の３府県で緊急事態宣言解除	
	25日	緊急事態宣言、全面解除	
	26日		【支援第三弾】 ●コロナ感染と大規模自然災害との複合災害に備え、救命救急医療施設へ総額50億円の緊急支援を発表
6月	2日	「東京アラート」を初発動	
	11日	東京アラートを解除	
7月	16日		●船の科学館（お台場）の敷地内に個室型プレハブハウスの感染者宿泊療養施設140室が完成
	22日	「Go Toトラベル」を東京発着の旅行を除き46道府県で開始	
	29日	国内感染者、初の１千人超え	●全国128救急指導医指定施設への支援決定
8月	28日	安倍首相、辞任表明	
9月	16日	菅義偉氏が首相に	
10月	1日	飲食店支援の「Go To イート」開始	
	9日		●「日本財団災害危機サポートセンター」開所。プレハブハウス病床の東京都による運営開始
12月	28日	「Go Toトラベル」全国一斉に運用停止	

[著者紹介]
鳥海美朗（とりうみ・よしろう）
1949年徳島県生まれ。早稲田大学第一文学部卒。1973年産経新聞社入社。大阪社会部勤務の後、社内制度で米国イリノイ大学シカゴ校大学院などに留学。ロンドン支局長、ロサンゼルス支局長、外信部長、編集局次長、編集長などを経て論説委員。2013年6月退社。同年7月から日本財団アドバイザー。産経新聞客員論説委員。著書に『鶴子と雪洲』（海竜社、2013年）、シリーズ『日本財団は、いったい何をしているのか』（1～6巻）など。

日本財団は、いっったい何をしているのか
――第七巻　コロナ禍とパラリンピック

発行日　二〇二一年十二月一日　第一刷発行
著者　鳥海美朗
発行者　小黒一三
発行所　株式会社木楽舎
〒一〇四・〇〇四四
東京都中央区明石町一一・一五
ミキジ明石町ビル六階
印刷・製本　開成堂印刷株式会社

編集・営業　中野亮太